김병헌 수필가의 살아온 발자취

| 우리집 家訓 |

| 필자 |

| 필자 |

| 우리집 가족(김병헌, 백경자, 김승명, 김재윤, 염채린, 염승재) |

| 삼남매와 함께한 가족사진(북한산에서) |

| 삼남매와 함께한 가족사진(북한산에서) |

| 승명, 승경 자매 |

| 삼남매의 하루(북한산에서) |

| 삼남매의 하루(북한산에서) |

| 삼남매와 속리산 정이품송 앞에서 |

| 둘째 딸 졸업기념 |

| 고향 북상면 방문 |

| 고향 입암산성 정상에서 |

| 67회 생신기념 가족사진 |

| 옐로우시티 장성 꽃전시회에서(2016년 10월) |

| 판문점(통일부 주최 JSA 견학 |

| 팔순 기념(2019년 12월 25일) |

| 팔순 기념 가족사진(2019년 12월 25일) |

| 제16회 시상식에서 딸, 외손자와 함께 |

| 아들(김재윤) ROTC 육군 소위 임관식 |

| 제16회 세계문학상 대상 수상 |

| 제16회 세계문학상 대상 수상 |

| 제16회 세계문학상 대상 수상(도창회 교수 시상) |

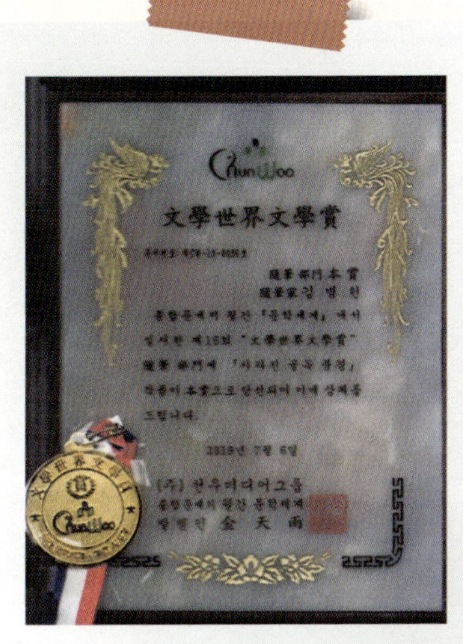

| 제16회 문학세계문학상 수상 |

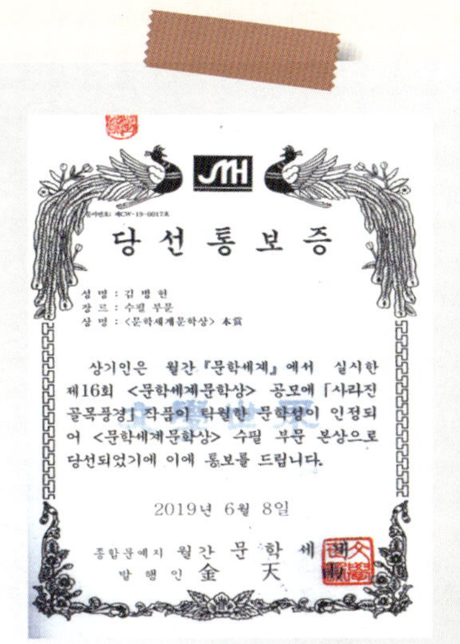

당 선 통 보 증

성 명 : 김 병 현
장 르 : 수필 부문
상 명 : <문학세계문학상> 本賞

상기인은 월간 『문학세계』 에서 실시한 제16회 <문학세계문학상> 공모에 「사라진 골목풍경」 작품이 탁월한 문학성이 인정되어 <문학세계문학상> 수필 부문 본상으로 당선되었기에 이에 통보를 드립니다.

2019년 6월 8일

종합문예지 월간 문 학 세 계
발 행 인 金 天

| 제16회 문학세계문학상 수상 |

| 시상식에서 아내(백경자)와 함께 |

吉承 김병헌 수필가 『아버지의 연상(硯箱)』 수필집 출판기념회 성황리 개최

2016년 4월 29일(금) 오후 3시에 서울 신촌 소재 k-turtie에서 『글의 세계』 이사겸 운영위원 吉承 김병헌 수필가 수필집 『아버지의 연상(硯箱)』을 출간, 많은 하객들 축하 속에 출판기념회를 성대히 거행하였다.

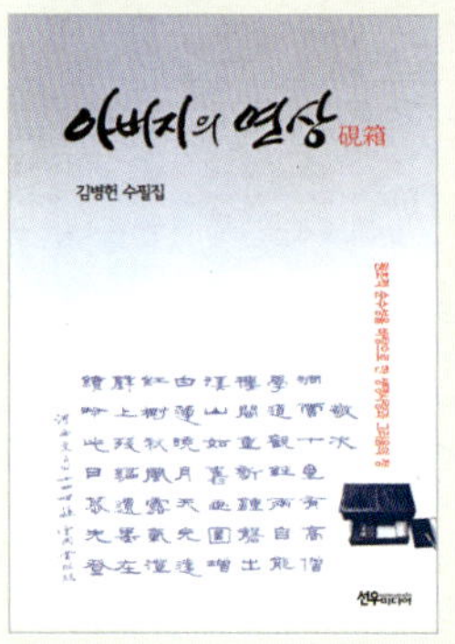

당선통보증

수필 부문 대상 : 김 병 헌

주민번호 : 401225-1030122

당선작 : [illegible]

상기인은 사단법인 세계문인협회(문화관광체육부 인가번호 제737호) 가 주최한 제16회 <세계문학상>에 위와 같이 당선되었기에 이에 통보 드립니다.

2019년 10월 28일

世界文人協會 理事長 金 天 雨

Corporation, WORLD LITERARY ASSOCIATION Chairman of the Board

| 출판기념회 인사말 |

| 출판기념회 인사말 |

| 출판기념회에서 부인과 함께 |

| 출판기념회 축하 내빈들 |

| 출판기념회 축하 휘호를 보낸 구암 윤영전 서예가 |

| 축하케잌 커팅(2016년 4월) |

| 출판기념회 후 자택 거실에서 아내와 함께 |

가족사진(좌측부터 염채린, 김승경, 김병헌, 백경자, 김재윤, 김승명

골목길의 정원

골목길의 정원

김병헌 제2수필집

도서출판 천우

| 작가의 말 |

수필집 제1집『아버지의 연상(硯箱)』을 발표한 지도 어언 4년이란 세월이 흘렀다. 그동안 월간지, 계간지 등에 발표했던 글과 수상 작품을 모아 제2수필집을 내고자 준비를 하였다. 별로 내어놓을 만한 글이 없어 망설이고 있던 중, 2019년 12월에 어언 팔순의 나이가 되고 보니 주위에서 제2수필집을 발표하는 것이 좋겠다고 권고를 하여, 그동안 모아두었던 글들을 부끄럽지만 내놓게 되었다.

저의 고향은 '문장은 장성만 한 곳이 없다(文不女長城)'는 대원군의 말처럼 전남 장성에서 태어났다. 1973년도에 정부시책에 따라 갑자기 농업용수 확보를 위한 댐 건설 공사로 인하여 어쩔 수 없이 고향을 떠나야 하는 현실에 조용히 살던 고향 면민 7,000여 명이 전국의 각지로 떠나야만 했다. 행정구역마저 없어진 고향 땅을 그리워하는 실향민의 신세가 되어 한없이 고향을 그리워하는 사람 중의 한 사람이다. 그래서 저의 제1수필집에서도 한없이 고향의 그리움이 곳곳마다 표현되어있다.

중 · 고등학교 시절에 문학에 눈을 떠서 수필과 소설을 즐겨보며 창작을 했었는데, 나이가 들어서 다시 문학 공부를 하고자 정년퇴직 후 찾은 곳이 에세이21 산영재, 이정림 선생님을 찾아가서 공부하여 완료 추천이 되어 늦게 문단에 등단하여 활발히 글을 쓰고 있다. 늦게 문학 공부를 하면서 많은 것을 배우고 익혀 어언 팔순의 나이에 들어섰으니 제2수필집을 내야 한다는 자녀들의 성화에 인생의 살아온 흔적을 제2수필집으로 발행한다.

두 번째 수필집을 내기까지 많은 격려를 해준 아내와 삼 남매 자녀들과 선후배님들에게 감사를 드린다. 밤늦게까지 책상에 앉아 글을 쓰고 있을 때 서재에 살며시 들어와 격려를 해주고, 글 내용에 틀린 글자가 있으면 교정까지 해주는 아내가 고맙기도 하다. '고령임에도 열심히 글을 쓰시는 아버지가 자랑스럽다'고 하며 맛있는 간식을 준비해 가지고 와서 '좋은 수필집 내기를 기대한다'고 하는 아이들, 맏딸 승명(承明), 승경(承慶), 아들 재윤(載潤) 삼 남매와 멀리 제주도에서 격려를 아끼지 않는 맏사위 염우철(廉友澈)에게 감사와 기쁜 마음을 전한다.

서재 창문을 통하여 멀리 보이는 삼각산 백운대, 인수봉, 만경봉의 세 봉우리가 한눈에 들어와 봄이 다가왔음을 보면서 이 책이 만들어지기까지 노력을 해주신 도서출판 천우의 김천우 사장님과 관계자 직원 여러분께 고마운 마음을 전한다.

2020. 4.

팔순을 지내면서

삼각산 아래 吉承書齋에서

빛난별

| 축 사 |

산수화 같은 풍요로운 삶의 향기

김 천 우(시인 · 평론가 · (사)세계문인협회 이사장)

사람에게는 세 가지 운(運)이 존재한다. 즉 천운(天運), 지운(地運), 인운(人運)이 있다. 천운이란 하늘이 정해진 운이요. 지운은 타고난 재능이요. 인운(人運)이란 사람 복을 말함이며, 한세상 살아가면서 이 세 가지 운을 골고루 겸비한 주인공이 바로 수필가의 면모를 출중하게 갖춘 김병헌 작가라는 사실이다.

제1수필집『아버지의 연상』상재 이후 4년 만에 다시 출간하게 된『골목길의 정원』은 지나온 삶의 진면목을 순백하면서도 진솔한 필력으로 감칠맛 나는 작품마다 얼마나 달달한 풍미를 전해주는지 꽃피는 봄날의 주옥 같은 선물 같은 작품집이다. 〈세계문학상〉 본상을 거쳐 대상의 자리까지 탄탄하게 자리매김한 사실 또한 충분히 입증할 수 있을 만큼 제2수필집에서 만나는 작품세계는 인생극장을 노래하는 여유로운 풍미는 흐르는 강물처럼 유유자적하면서도 큰 메시지를 전달하는 가교 역할을 하고 있다.

또한 백운대, 인수봉, 만경봉 세 봉우리를 아우르는 큰 기운을 받고 있으니 얼마나 선택받은 일인가 하는 생각이 든다. 자고로 영웅은 주변 환경과 난세를 아우르는 절묘한 요소들이 합을 이룬다고 하지 않았는가! 팔순의 연륜임에도 청년과 같은 뜨거운 문학의 열정을 꽃피우는 것은 그만의 숭고한 인생철학이 얼마나 진귀하고 빛나는 보석인지 모른다.

명필작가로서 우뚝 정상에 오른 이유 또한 자랑스러운 가문의 훌륭한 맥이 아닌가 한다. 삼부자 선친이 고을의 면장을 지낸 유서 깊은 명문 집안임을 증명해주고 있다. 선친께서 한학자이자 문학도로서 뛰어난 재능과 예능의 감각을 고스란히 이어받은 행복한 자손임에는 틀림이 없다. 백양사 쌍계루에 전시되어있는 선친의 유고시편을 자손이 복원했으니 자식 된 도리를 다한 것이다. 문화재로서 출중한 가치가 있는 업적을 성사시킨 자랑스러운 김병헌 수필가의 어버이 사랑 앞에 감동의 전율이 흐른다. 그에게는 삼강오륜의 신지식과 효 사상이 지고지순한 사부곡으로 회자되는 최고의 절창이 아닌가 싶다.

소박하면서도 풍요로운『골목길의 정원』작품집에서 접하는 인생 여정의 수려한 발자취는 세세연년 오래도록 길이길이 빛날 것이다. 팔순의 열매가 이토록 알찬 문학의 열매가 되어 만인들에게 감동 감화를 전해주는 길라잡이 역할을 있는가는 독자들에게 교훈이 될 것이다. 출간의 계기로 백 세 인생의 표본이 되어 공경받는 수필가로서 이 작품집이 갈증 나는 삶의 행복 충전소가 되기를 기원하면서『골목길의 정원』에서 모두가 꿈꾸는 청정도량의 구심점이 되기를 진심으로 기원하며 출간을 진심으로 축하한다.

| 축 사 |

박 승(전 한국은행 총재)

빛난별 김병헌 수필가의 지난번 수필집『아버지의 연상(硯箱)』에 이어 이번 두 번째 수필집을 낸다. 그는 나의 이리공업고등학교 후배여서 오랫동안 가까이 지내왔다. 수필집을 또 낸다는 소식을 듣고 김 작가는 대단한 사람이라는 생각을 했다. 공업학교를 나온 사람이 문인으로 등단한 그의 경륜도 그렇거니와 이제 팔순에 접어든 그가 아직도 왕성한 작품 활동을 하고 있다는 것이 그러했다.

그의 수필에 일관되게 흐르는 줄기는 '그리움'이다. 그리고 그 '그리움'은 주로 고향과 부모님에 대한 그리움으로 구체화되고 있다. 그래서 그의 작품은 흘러간 지난날, 고난과 가난의 시절, 다시 복원할 수 없고 다시 만날 수 없는 시간과 공간에서 이들을 다시 찾아 헤매는 그리움이다.

그의 고향마을은 1973년 장성댐 건설로 수몰되어 없어졌다. "내 고향마을은 백양사에서 4㎞ 지점에 있었다. 우리 집은 천여 평의 대지 위에 함석으로 된 안채와 곳간채, 기와집인 사랑채, 초가로 된 행랑채와 대문채 등 다섯 동으로 되어 있었다. …… 식수는 깊이가 10m가 넘는 샘물에서 두레박으로 길어 먹었다. 매년 망(網)속에 수박을 넣어 길게 줄을 매달아 우물 속에 넣어 두었다가 꺼내 먹는……."(그의 수필「사라진 우리 집」에서). 그는 장성호 속에 들어가 버린 이 마을과 그 집을 잊지 못하는 것이다.

고향인 장성에서 2대 면장을 지낸 그의 부친 김상철은 많은 시를 남긴 한학자이며 지역 선각자였다. 모든 사람들이 그러하겠지만, 김병헌 작가도 그의 부모에 대한 간절한 그리움을 여기저기 그의 작품에 그렸다. 백양사에 걸려 있던 그의 부친 시(詩)가 6 · 25전쟁으로 없어졌는데, 백양사와 협의하여 이것을 복원하고 나서 그 소회를 〈문화일보〉에 칼럼으로 기고하기도 했다.

그는 백양사 인근의 고향을 떠나 지금은 백운대와 인수봉의 기가 흐르는 수유리에서 살고 있다. 두 곳 모두 어떤 공통점이 있는 것 같다. 그의 작품도 이러한 자연환경과 연관이 있는 것이 아닌가 싶다.

그의 수필은 우리나라 서민들이 살아온 현장을 꾸밈없이 그대로 그려낸 것이다. 그래서 특히 시골에서 자란 사람, 가난을 겪어본 사람, 전쟁과 같은 어려움을 겪은 사람에게는 많은 공감을 불러일으킨다. 내가 그의 수필을 좋아하는 것도 이 때문이 아닌가 싶다.

| 차례 |

제03장 문장은 장성만 한 곳이 없다(文不如長城) • 91

제04장 님을 기다리는 마음 • 127

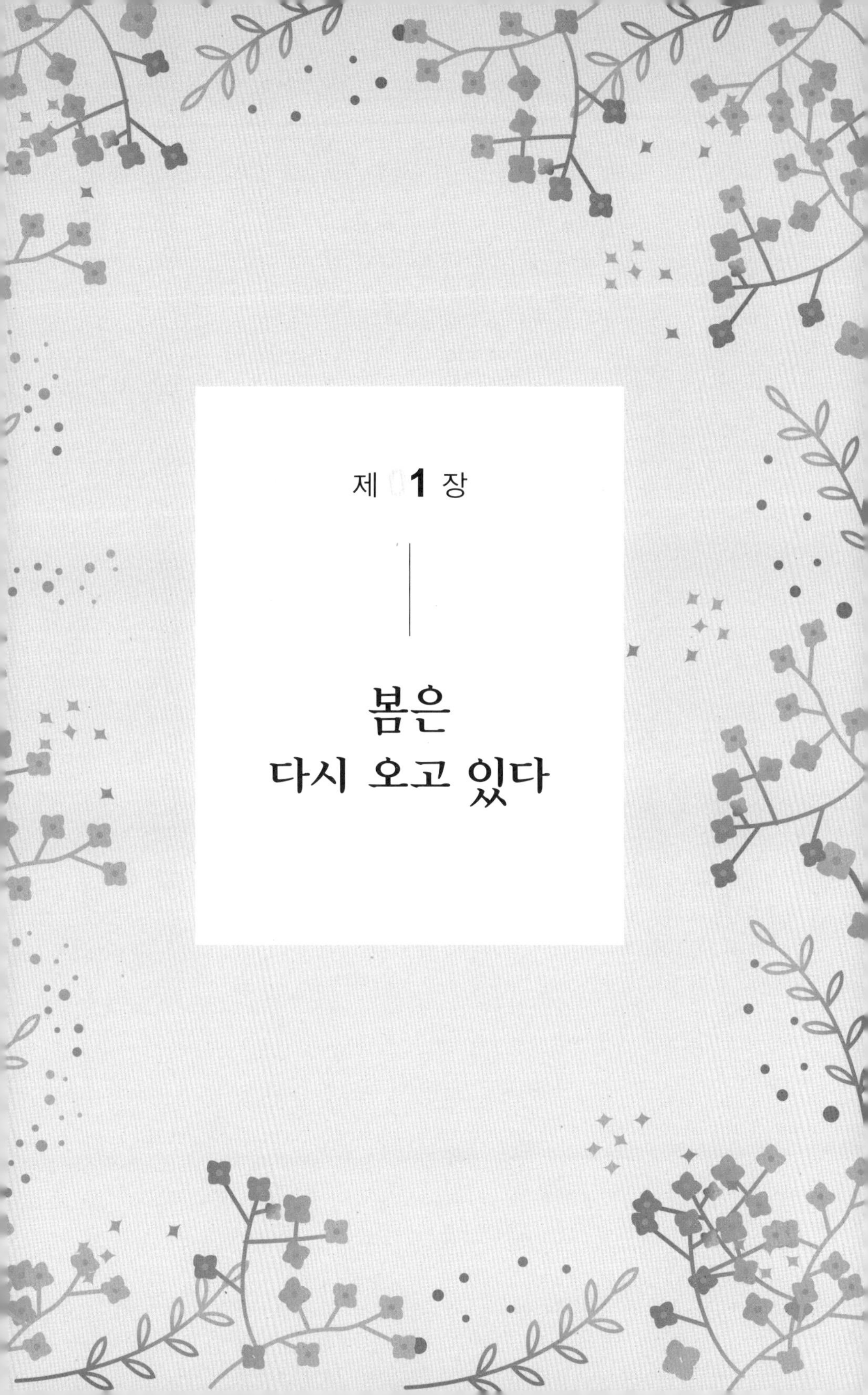

제 1 장

봄은 다시 오고 있다

화초를 가꾸는 즐거움

오늘도 나는 먼동이 틀 무렵 일찍 일어나 옥상에 올라가 화초를 보면서 나 자신의 건강을 위해 아침 맑은 공기를 마시며 운동을 한다. 밤에는 아마도 밤하늘의 별들과 이야기하며 외로움을 달랬었겠지. 이른 봄이면 씨앗을 뿌리고 몇 주 지나서 새싹이 올라오는 것을 보면, 그때부터 나는 바쁘게 화초를 가꾸기 시작한다. 주로 시골에서 가꾸고 보았던 우리나라 재래종의 봉선화, 채송화, 나팔꽃, 분꽃, 맨드라미, 백일홍, 접시꽃과 꽃잎이 큰 달리아, 황금색의 금잔화 등 우리에게 낯익은 토종 꽃들로 꽃밭을 가꾸어 화단을 만든다.

한여름의 옥상의 태양열은 섭씨 40도가 넘는 시멘트 바닥에 화초들은 축 늘어져 있다. 아침저녁으로 물을 준다. 그때야 늘어진 잎사귀들이 생기를 되찾는다. 나는 이러한 꽃들이 시들어 있을 때 화분 밑을 들어 보았다. 화분의 꽃들이 한 방울의 물이라도 흡수하기 위해 배수 구멍으로 하얀 뿌리들을 밖으로 내보내 옆 화분의 뿌리와 약속이나 한 듯 스크럼(Scrum)을 짜듯 서로 엉켜 하나의 뿌리인 것처럼 물기를 빨아들이는 것을 보고 놀랐다. 식물들도 살기 위해 스스로 이겨 내며 생명을 지탱하는구나, 새삼 식물인 화초에서 생의 삶을 유지해 가는 법을 배워야겠다는 생각이 들었다.

화단에 핀 꽃에는 나비와 벌들이 날아와 꽃술 속으로 들락날락하며, 꽃가루를 뒤섞으면 꽃들은 더욱 아름답게 피워 결실의 열매를 보게 된다. 방학 때면 손주들이 와서 화단에 핀 봉선화 물을 들이기 위해 꽃잎을 따서 손톱에 칭칭 감고 "할아버지, 어떻게 이런 아름다운 꽃밭을 만드셨어요?" 하고 물으며 천진난만하게 웃는다.

나는 옥상의 꽃들과 친구가 되어 이야기도 하고, 즐거울 때나 속이 상할 때 은밀한 마음을 털어놓기도 한다. 오늘도 화초에 물을 주면서, 우뚝 솟은 삼각산을 바라보니 바로 손에 잡힐 듯 말 듯 한 백운대 암벽과 마주친다. 거대한 자연 앞에 보잘것없는 나 이지만, 이 조그만 내 우주를 가꾸며 살아가는 모습에서 열정을 다하여 화초를 가꾸는 즐거움에 나는 오늘도 행복감에 젖는다.

옥상의 정원

삼각산 아래에 있는 우리 집 이곳에서 살아온 지 40여 년이 됐다. 이사하던 해 기념으로 대문 옆에 심었던 은행나무는 거목이 됐고 그 옆에 앵두나무, 오동나무, 단풍나무 집 모퉁이로 돌아가면 백라일락이 또 하나의 앵두나무, 무궁화나무 그리고 적라일락이 무성히 자라서 한여름에 시원한 그늘지붕을 만들어 청량감을 준다.

2층으로 올라가는 계단에 층계 별로 예쁜 꽃 화분을 올려놓으니 밖에서 길을 지나가다가 예쁘고 보기가 좋다고 한마디씩 하면서 지나간다. 추운 겨울을 이겨내고 봄에 피는 화려한 꽃은 겨울에 움츠러들었던 사람들의 마음에 활기를 불어넣어 준다. 옥상의 20여 평 되는 시멘트 바닥이 한여름 낮에는 태양열에 달아오른 더운 열기가 아래층 거실까지 내려와 집안을 한층 더 덥게 만들어 숨이 턱턱 막힌다. 에어컨을 가동해도 시원하지 않다. 너무나 더워서 옥상 바닥을 식힐 방법이 없을까 궁리 끝에 '옥상에 화초를 심자'는 생각이 번쩍 떠올라 꽃을 좋아하고 가꾸는 취미가 있어 정원을 만들어 보자는 구상을 했다. 내가 어릴 때 보고 자랐던 우리나라 재래종 화초를 우선적으로 화분에 심기 시작했다. 먼저 이른 봄에 씨앗을 뿌리고 연녹색의 새싹이 올라와 자라면 화분에 모종을 분식해 하나둘 모아서 진열한 화분이 이제는 크고 작은 것 모두 400여 분이 되어 철마다 갖가지 꽃들이 아름답게 피고 진다.

아침저녁으로 화초에 물을 뿌리는데도 한낮의 뜨거운 태양열에 견디지 못하고 시들어 버린 화초들의 기 꺾인 모습이 안쓰러워 화분을 들어 뿌리를 살펴보니 옆 화분과 뿌리가 서로 엉켜서 분리가 잘 안 되었다. 다른 옆 화분들도 모두 들춰 보았더니 놀라운 사실을 알게 됐다. 콘크리트 밑바닥에 수분이 없기 때문에 뿌리가 어떻게 하면 한 방울의 물기라도 빨아들일까 하여 뿌리끼리 연결된 것이다. 식물이지만 인간 못지않게 살아가는 방법을 터득한 것 같다. 뿌리끼리 자라면서 뻗어나가는 신기한 현상이었다.

뿌리의 강한 흡인력으로 인하여 옥상의 콘크리트 바닥도 견디지 못하고 바스락거리며 힘없이 부식되는 것을 보았다. 이렇게 되면 옥상 바닥의 방수 문제가 심각해지는 것이다. 이것을 막는 별다른 방법이 떠오르지 않아 고민하던 중 한 업자가 좋은 방법을 알려 주었다. 화분 밑에 공기가 통할 수 있는 플라스틱판 받침을 깔면 뿌리로부터 피해를 막을 수 있다는 것이다. 이것을 구하는 방법으로 당장 폐기물 수집장에서 플라스틱판을 구해 옥상 바닥에 깔고 화분들을 올려놓았다.

옥상 바닥에 뿌리로부터 바닥 피해를 방지하며 꽃들은 더욱 싱싱하게 오늘도 잘 자란다. 겨울철 빼고는 계절 따라 색색으로 꽃이 핀다. 이른 봄이면 먼저 수선화, 개나리, 진달래를 비롯해 철쭉, 붓꽃, 민들레와 장미꽃 등 다른 이름 모를 봄꽃들이 활짝 피고, 여름에는 우리의 심금을 울렸던 울 밑에선 봉선화를 비롯해 채송화, 금잔화, 분꽃, 달리아, 맨드라미, 홍초, 과꽃, 백일홍, 옥잠화 등이 활짝 피면 무더운 여름을 시원하게 해 더위를 식혀 준다. 가을로 접어들면 노란 국화가 향기를 내며 주인을 맞이한다. 곁들여 한들한들 코스모스와 키다리 해바라기가 쟁반 같은 노란 꽃잎을 앞세워 내려다보고 있다. 한여름의 백일홍은 두 종류가 있다. 화초 백일홍과 여름을 시원하게 빨간 꽃으로 장식한 목백일홍(일명 배롱나무 또는 간지럼나무)이 있다. 꽃이 백 일 동안 필 수 있다 하여 백일홍이라고 이름 지었다고 한다.

우리 집 정원에 화초를 가꿀 때 나는 원칙을 세워놓는다. 재래종 화초를 우선적으로 심고 이름 모르는 외래종을 되도록 배제한다. 우리나라 꽃이 아름답고 추억이 있는데 굳이 이름 모르는 외래종 꽃을 가꿀 필요를 느끼지 않는다. 늦가을이 되면 씨앗을 거둔다. 이른 봄이면 다시 씨앗을 뿌리고 자라면 화분에 파종하여 여름꽃을 화사하게 맞이한다. 가을이면 국향이 짙은 향기에 커피 한 잔을 마시면, 그 향이 더욱 짙어져 가을의 정취에 더욱 취한다. 옥상 평상 위에 앉아 삼각산의 인수봉, 만경대, 백운대를 바라보면 무더운 더위도 사라진다. 암벽에 달라붙은 등반대원들이 바위에 찰싹 달라붙은 모습이 꼭 개미가 달라붙은 것처럼 작아 보인다. 이렇게 먼 산을 바라보다 시원한 바람이 얼굴을 휙 스치고 지나가면 그 청량감을 무엇이라 표현할까. 어느덧 가을이 왔음을 느낀다.

옥상에 정원을 만들어 가꾸면 좋은 점이 많다. 마음이 서글프고 힘들 때 언제나 올라와 아름다운 꽃을 보면서 위로를 받고 용기를 얻는 지상낙원이다. 또한 바로 아래층 거실의 온도가 평상 온도보다 섭씨 2도나 낮아 온도 차이가 나서 다른 집보다 시원한 감이 있어 한여름에 에어컨을 켜지 않아도 견딜 만하여 절전 효과도 따른다. 이러한 점 때문에 나는 더욱더 정성을 들여 옥상의 꽃들을 사랑하며 가꾸면서 이보다 더 좋은 환경이 어디에 있을까 하는 생각이 들 때가 있다. 한 가지 섭섭한 것은 동네 가옥들이 재개발돼 신축 건물이 고층으로 올라가면서 삼각산의 경관을 막아 산의 정기와 그 아름다움을 더는 바라볼 수 없는 것이다. 참으로 안타까운 현실이다. 건물을 높이 짓지 못하게 막을 수도 없는 처지이니 우리 집의 옥상에서 바라보는 삼각산의 운치를 더 이상은 볼 수 없어 아쉬움으로 남는다.

한여름 밤이면 옥상의 민속 꽃들과 이야기를 속삭이며 꽃말을 되새길 때 꽃을 비춰 주는 달빛은 참으로 아름답기만 하다. 순수한 꽃을 바라보면 내 마음속에 묻어 있는 때를 깨끗이 씻어 내고, 새로운 기를 꽃으로부터 받는 것은 어떠한 보약보다 명약이 된다. 사계절을 통하여 꽃들과 씨름하며 씨앗을 뿌리고 정리하며 관상하고 있노라면 굳이 멀리 꽃구경하지 않아도 된다는 생각이 든다. 옥상 정원에 핀 꽃으로부터 충분한 기를 받고 맑은 하늘을 쳐다보며 마음을 넓히면서 생활하는 것이 더 좋다. 취미로 시작한 꽃 가꾸기가 나의 생활 터전이 되고, 휴식의 공간과 맑은 공기를 계속 마시며 체력을 단련할 수 있는 도심 속의 아늑한 생활공간이 되어 행복한 나날을 보낼 수 있게 하는 옥상의 정원을 나는 영원히 사랑하며 가꾸어 나가리라.

| 우리 집 옥상의 정원의 꽃 |

| 필자 내외 나들이 |

소년의 첫사랑

“선생님 가지 마세요. 선생님이 떠나시면 저희는 어떻게 공부해요. 절대 못 가십니다.” 철없는 우리들은 발령받은 담임 선생님을 다른 학교로 가시는 것을 절대 가실 수 없다고 떼를 썼다. 고향에서 읍내로 이사를 오게 된 나는 읍 소재지 큰 학교로 전학을 하게 됐다. 그때가 4학년 1학기 초였다. 나는 전학을 오자마자 4학년 3반에 배정됐다. 담임 선생님을 처음 만나 뵈니 예쁘장한 여선생님이셨다. 여선생님이 담임을 맡으신 것은 처음 있는 일이었다. 환경이 바뀐 나를 일 년 동안 온갖 정성을 다하여 차분히 돌봐 주시고 이끌어 주시는 선생님이 나에게는 선생님이라기보다는 친누나 같은 생각이 들었다. 나는 누나가 없었기 때문에 더욱더 선생님을 따르고 친밀감을 느끼며 선생님을 좋아했는지 모른다.

처음 전학을 와서 선생님의 학습 지도를 받은 지 이듬해에 선생님은 인사이동으로 다른 학교로 전근을 가시게 됐다. 그간 나는 선생님과 가까이 정이 들어가던 시기였던지라 정말 선생님과 헤어지기가 싫었다. 그래서 반 친구들과 함께 가시지 말라고 억지를 쓰며 간청했었다. 얼마나 서운했던지 밤에 잠을 자면서도 선생님과 이별하는 꿈을 꾸며 엉엉 울었던 기억이 새록새록 하다. 나는 그때 막 사춘기에 접어든 시기였다. 이성과의 사랑이 엉뚱하게도 담임 선생님을 향한 짝사랑이 될 줄이야! 하루도 보지 않고는 견딜 수 없는 두근대는 가슴이었다. 학교에서나 집에서나 멍하니 천장만을 바라보고 있노라면 온통 가슴이 뛰어서 못 견딜 지경이었다. 훈풍이 부는 따뜻한 봄 어느 날, 오후 집 부근의 가까이 있는 하천의 벚꽃길을 하염없이 걸었다. 마음속에 생각나는 것은 오직 선생님뿐이었다. 이렇게 벚꽃 터널을 혼자 걸으면서도 나는 선생님을 일방적으로 좋아했던 사랑! 나 혼자만의 사랑에 충만하여 애를 태우던 어린 나를 아주 소중히 아끼는 사람이다.

이제 세월은 예까지 덧없이 흘러갔다. 그때 초등학생인 나와 나를 가르치던 선생님들은 이미 할아버지, 할머니 나이를 먹은 지 오래다. 그 당시 아무 철이라곤 없던 미소년이었던 내가 선생님만을 생각하며 벚꽃 가로수의 둑길을 하염없이 걸었던 그 추억에 젖노라면, 이내 옛날 흑백 활동사진을 보는 것처럼 불시에 선생님이 생각나고는 한다. 그리움에 젖어 나도 모르게 "선생님"하고 크게 불러보지만, 아무런 대답을 들을 수 없으니 허전하기도 하다.

나에게 찾아온 이성과의 첫사랑이 하필이면 나를 가르쳐 주신 담임 선생님이시라니 지금 생각하면 부끄러운 마음으로 꽉 차지만 그만한 시기에 더러더러는 가져 보기도 하는 느낌이 아니런가 싶다. 선생님을 향한 존경심이 짝사랑으로 피어났으리라 하는 터이니 지금은 가질 수 없는 이 얼마나 순수하고 어여쁜 순정이 다녀갔다는 말인가! 참으로 맑고 깨끗한 마음에 피어난 어린 학동의 짝사랑! 선생님께서는 아무런 눈치도 채지 못한 채 전근을 가셨지만, 나 혼자 그저 좋아했던 감정이니 어찌 소중하지 않으랴. 가만히 그 시절을 떠올리면 슬며시 수줍은 미소가 지어진다. 내 인생의 한 대목에 해맑은 사랑 감정이 싹텄음에 감사하며, 어린 날에 수줍게 피어난 소년의 첫사랑을 나는 오래도록 잊지 못하리라 한다.

이사하던 날

요즈음 이사하기는 참으로 편리하다. 이사할 사람은 가만히 있어도 이삿짐센터 사람들이 나와서 진열까지 알아서 척척 해 주기 때문이다. 이사 갈 사람은 이사할 집으로 맨몸으로 가서 손 하나 대지 않고 구경만 하고 있다. 이런 이사 방법을 포장이사라고 한다. 오늘날에는 이런 손쉬운 방법이 있는데 옛날에는 머리를 싸매고 골치를 앓아야 했다. 나는 결혼 후 새 가정을 꾸리고 세 번의 이사를 했다. 그 당시에는 이사하게 되면 온 가족이 총동원해 자기의 소지품들을 먼저 챙기고 다른 가구 등을 합심해 이삿짐을 챙긴다. 가장 힘든 것은 깨지기 쉬운 유리그릇 등을 일일이 신문지 등으로 조심스럽게 포장하는 일이다. 또한 이사할 때 꼭 챙겨야 할 것은 항상 따라다니며 재롱을 피우는 애완견(누렁이) 이었다.

내가 어렸을 때 부모님과 함께 이사하던 날이 생각났다. 6 · 25 한국전쟁이 일어나기 직전 초등학교 4학년 때로 기억한다. 그 당시의 화물차 구하기가 상당히 어려웠다. 자동차 공업이 발달하지 않았기에 일제 고물 화물차밖에 없었다. 당시의 차는 휘발유가 귀하여 목탄을 연료로 사용하는 목탄용 화물차가 운행하던 시절이었다. 이 시절의 차량에는 조수가 꼭 있었다. 시동을 걸려면 조수가 밖으로 나와 시동을 거는데 자동차 앞 엔진 구멍에 클러치를 넣고 손으로 돌려야 시동이 걸리는 차량이었다. 야트막한 언덕을 올라가도 시동이 꺼져 애를 먹는 일이 자주 일어났다. 이러한 상황에서 다른 지역으로 멀리 이사하려면 힘들었다. 장성에서 정읍으로 이사하는 데 화물차가 거쳐 가야 할 고개가 장성갈재인데 산이 높아 올라가다 시동이 꺼지면 꼼짝을 못 한다. 이러한 어려움 때문에 가려고 하지 않는다. 할 수 없이 기차역에 가서 화물칸을 계약하여 이용하기로 했다.

이삿짐을 챙겨 기차 화물칸 안에 싣는데 이삿짐은 물론 기르던 가축인 돼지, 닭 그리고 애완견인 누렁이도 함께 실었다. 돼지와 닭은 각각 우리를 만들어 넣었으나, 누렁이는 화물칸 문고리에 목줄만 매달아 놓고 문을 닫고 잠가 놓았다. 전기가 없는 화물차이기에 밤에는 매우 컴컴하다. 화물차는 당일 출발하는 것이 아니라 화물들을 모아서 어느 정도의 화물이 모여야 기관차를 배정받아 함께 출발하는 것으로 3일 만에 정읍역에 도착했다. 화물차량 문을 열고 이삿짐을 챙기는데 다른 것은 모두 있으나 있어야 할 누렁이가 보이지 않았다. 어찌 된 영문인지 장성역 화물 담당자에게 문의한바 짐을 싣고 문을 잠근 후에는 아무도 열어보지 못한다는 것이다. 추측해 보건대 성질이 급한 누렁이는 좁은 공간에서 답답하고 깜깜하여 화물차 속에서 몸부림치다가 목줄이 풀려 이삿짐 위로 올라가 화물차량 공기구멍인 창문을 통하여 탈출한 것으로 생각됐다. 정읍역에 도착한 이삿짐을 집으로 나르는데 역시 차를 구하기가 어려워 역에서 화물 운반하는 통운회사에서 운영하는 우마차가 있어 말이 끄는 마차에 이삿짐을 싣고 새로 이사하는 집까지 운반했다. 지금 생각하면 '호랑이 담배 먹던 시절'이었다.

이삿짐을 정리한 후 누렁이가 어디에 있는지 알 수 없어 마음이 착잡했다. 어떻게 찾을 방법이 없을까 생각하고 있는데 어른들의 말씀이 개는 원래 살던 집을 찾아가는 회귀본능(回歸本能)이 있다고 하여 장성의 전에 살던 집에 가 보면 틀림없이 있을 것이니 찾아가 보라고 하여서 가 보았다. 대문에 들어서자마자 마당에 엎드려 있던 누렁이가 벌떡 일어나 주인인 나에게 안기는 것이었다. 얼마나 반가웠는지 모른다. 머리를 쓰다듬어 주고 안아 주니 반가워 꼬리를 한없이 흔들어댔다. 이사 온 집 주인의 이야기로는 갑자기 모르는 개 한 마리가 들어와 마루 밑에 엎드려 있어 쫓아내도 꿈쩍 않고 있어서 이상하다고 생각하면서 굶길 수는 없어 밥을 주며 달래 보았으나 먹이도 먹지 않고 눈만 껌벅이고 있었다고 했다.

몇 년 전 진도에서 자라던 진돗개가 대전으로 분양돼 갔는데 거기서 있지 못하고, 대전에서 진도까지 걸어서 보름 만에 찾아왔다는 사회면을 가득 채운 뉴스가 전국으로 방송됐다. 그러나 우리 집 누렁이는 이보다 먼저 60여 년 전에 이미 제집을 찾아왔던 것이다. 대선배이자 몇 대 할머니 정도는 되는 듯하다. 사람도 집을 떠나 객지 생활을 하다 늙으면 자기 고향을 찾아오듯이 인간이나 동물이나 모두 자기 집을 찾는 회귀본능을 가지고 있다는 것이 증명된 셈이다. 오늘도 길거리 벽보나 전신주에는 잃어버린 어린이를 찾는 광고가 많이 붙어 있다. 이들도 하루속히 집을 찾아 부모님 품으로 돌아갔으면 하는 마음 간절하다. 이사하던 날 잃어버렸던 애완견(누렁이)을 일주일 만에 다시 찾아서 기쁘던 그 시절이 지금도 생생히 기억난다.

한여름 밤의 등목

우리가 생활하는 현재의 주택은 대부분이 아파트로 신축돼 어느 가구나 욕실이 설치돼 있기에 언제든지 시원하게 목욕을 할 수 있다. 60년 전만 해도 우리 가정에는 욕실이 설치돼 있는 집은 드물었다. 그러나 농촌에서는 도시에서 느낄 수 없는 온몸이 써늘하고 오싹하게 하는 서늘맞이 등목을 할 수 있다. 그것은 수도가 없는 농촌만이 한여름에 즐길 수 있는 유일한 방법이다. 수도가 없기 때문에 집집마다 지하수를 파서 우물을 만들어 식수와 생활용수로 사용했다. 십여 미터 이상 되는 깊이의 샘물을 두레박으로 퍼 올려 마시는 이 샘물은 이[齒]가 시릴 정도로 차갑고 시원하다. 오늘날 냉장고에 보관했던 것보다 더 시원하다.

이뿐인가. 한여름 들녘에서 부모님을 도와 일을 마치고 집에 들어와 우물 속에서 두레박으로 퍼 올린 샘물로 등목을 하면 30도가 넘는 무더운 날씨에도 온몸이 오싹하고 써늘해진다. 얼마나 차가우면 온몸이 파르르 떨리기까지 한다. 등목을 하고 마당의 평상에서 초저녁의 시원한 바람과 함께 텃밭에서 가꾼 호박나물에 된장찌개 반찬으로 둥근 밥상에 온 가족이 둘러앉아 저녁을 함께 먹으면 그 맛이야 꿀맛이다. 밤하늘의 별을 보며 도란도란 오늘 낮 들녘에서 있었던 일들을 가족들과 함께 나누면서 어두운 하늘의 달을 쳐다보며, 내일의 날씨를 걱정하기도 한다.

저녁 식사 후 초저녁이면 온 가족이 모여서 노래도 부르고 오락도 즐기며 밤이 가는 줄도 모르고 지나면, 어느 사이 어머니는 저녁 야참으로 흰 서릿발이 찬 수박을 한 쟁반 가득 가지고 나오신다.

이 수박은 텃밭에서 가꾼 것으로 이것을 긴 끈에 매단 그물망에 넣어 십 미터 이상 되는 지하수 우물 속에 하루 동안 담가 두었다가 꺼내 먹는 것으로 그 시원한 맛이란 오늘날 냉장고에 보관했다가 먹는 것과는 비교할 바가 아니다. 또한 마당의 평상 주위에서 날아드는 모기와 날파리 등 물것들이 달려들면 마당에 쌓여 있는 멥겨와 볏짚과 보릿대를 태워 피우는 연기에 가까이 오지 못 하게 하는 우리 농촌의 방충 퇴치법에 벌레들은 꼼짝 못 하고 달려들 엄두를 못 낸다. 온 가족이 평상에 둘러앉아 시원한 수박을 먹으며 올해도 풍년이 들기를 기원하며 오늘 하루의 고단한 몸을 시원한 대나무 평상에 누워서 풀면서 한여름 밤을 보내는 낭만의 농촌 마을 풍경이 내 눈앞에 아련히 떠오른다. 아파트로 꽉 찬 도시에서는 이러한 풍경을 찾는다는 것은 어림없는 일이다.

온몸이 오싹한 한여름 밤의 등목과 지하 샘물에서 건져 올린 서릿발 치는 수박의 맛은 내 평생 잊을 수 없다. 농촌의 그 맛이 새삼 그리워진다. 어릴 적 앞 냇가에서 잠방이만 걸치고 물장구치고 헤엄치던 그 시절의 추억이 머릿속에 어른거려 언제인가 기회가 주어진다면 복잡한 서울을 벗어나 이러한 공기 맑고 조용한 고향마을에 귀촌하여 꽃과 농작물을 가꾸며 생활했으면 하는 생각이 간절해진다.

봄은 다시 오고 있다

맹위를 떨치던 영하의 날씨도 조금씩은 풀리는 듯 그러나 앞마당의 조그마한 정원은 꽁꽁 얼어붙어 있다. 그런데 그 한쪽 구석에서 뾰족이 솟아올라오는 것이 보인다. 얼른 눈여겨 살펴보니 봄을 알리는 전령이라도 되는 듯 연녹색의 연한 난초 잎의 어린 새싹이 머리를 살짝 들어 올라오고 있는 것이다. 아무리 추워도 봄은 다시 오는구나 하고 맨 먼저 느껴진다.

이맘때면 나의 어린 시절이 떠오른다. 정이월 다 가고 아직도 쌀쌀한 날씨에 새봄이 찾아올 무렵이면 매년 어김없이 어머니께서는 어린 나의 손을 잡고 집안 대소가의 안위와 인사를 드리려 봄나들이를 하신다. 당시는 전화 등 통신시설이 민가에는 설치되지 않은 시절이라 먼 곳에 계신 웃어른들을 직접 찾아뵙고, 지난해의 사정과 금년 일 년의 계획은 어떤 것인지 문안 인사를 드리고 오는 것이 그 당시의 집안 간의 예절이요 풍습이었다.

지난 한 해를 보내고 새싹이 돋아난 새봄과 새해를 맞이해 집안 간의 인척들과 서로의 안부와 장래 희망을 물으며 오순도순 서로를 도우며 왕래하던 그 시절이 새삼 그리워진다. 이 얼마나 훌륭한 예절인가 본받을 만하다. 당시 나는 어머니의 치맛자락을 붙잡고 따라나서면 집

안의 어른들이 귀엽다고 잘 대해 주시고 맛있는 음식과 과자 등을 챙겨 주시니 더없는 기쁨과 호강을 누린 것 같았다. 지금은 모든 것을 한 통의 전화나 문자메시지로 해결돼 사뭇 옛 시절의 봄나들이가 그리워진다.

마당의 정원에 올라온 난초의 새싹이 추위를 이겨내고 어린 연녹색의 새싹이 점점 파랗게 씩씩히 자라서 올라오고 있다. 봄의 전령인 하얀 목련꽃 봉오리가 머물러 있고, 노란 개나리도 꽃잎이 머물러 있어 새봄을 재촉하는 것 같다. 아무리 추운 날씨도 계절의 흐름에는 어쩔 수 없는 자연의 법칙과 환경에는 꼼짝없이 물러서고 희망의 새봄을 맞이할 수밖에 없는 현실에서 따스한 봄맞이를 기다리면서 움츠렸던 어깨를 펴면서 봄은 다시 오고 있음을 훈풍과 함께 느껴진다.

쓸쓸한 옥상

섭씨 37도가 넘는 폭염이 쏟아지는 정오에 점심을 먹으러 식탁에 앉았다. 막 점심을 먹으려는 순간 갑자기 천장에서 물이 떨어지는 것이었다. 천장을 올려다보니 벽지에 고여 있던 물이 터지면서 아래로 쏟아져 내리는 것이었다. 천장 위치를 파악하고 옥상으로 올라가 보았다. 그러나 옥상에는 아무 이상이 없는 듯 꽃들이 생생하고 아름답게 피어 있었다. 나비와 벌도 꽃을 찾아와 꽃의 향기를 찾아 즐기고 있다. 처음에 공사했던 업자를 불러 확인해 보기로 했다. 방수공사를 한 지가 15년이 넘었으니 불안하기도 했다.

업자는 역시 내가 추측한 대로 바닥에 미세하게 금이 간 자리로 물이 새어 들어가 이것이 모여 아래층 천장에 물이 고인 듯하다고 진단을 내렸다. 공사한 지 15년이나 됐으니 방수 효과가 떨어질 때가 됐다고 말한다. 그러면서 옥상 정원을 모두 치우고 새로이 방수공사를 다시 하는 수밖에 도리가 없다고 한다. 그렇다면 그동안 애써 만든 정원을 어떻게 해야 할지 고민이었다. 업자는 정원 모두를 없애고 꽃과 흙들을 치우자고 한다. 15년간이나 가꾸고 즐겨 보았던 정원을 없애자고 하니 너무도 아쉽고 황망했다.

그러나 아래층으로 물이 떨어지니 어쩔 수 없이 옥상 정원을 모두 없애고 공사를 하기로 했다. 이번 공사는 종전의 시멘트 방수 공법보다는 우레탄 방수 공법으로 공사를 하자고 건의한다. 최고 15~20년은 보장한다고 해서 그 공법으로 하기로 결정했다.

30여 평 되는 옥상정원을 막상 없애려 하니 마음이 쓰라렸다. 그동안 정원에 쏟은 열정이 아까웠고, 나비와 벌들이 날아와 꽃들을 교배시키고 새들이 날아와 지저귀어 즐거운 쉼터를 만들어 주었었던 정원이 아니던가. 이 정원에는 아침 일찍 밤새 내린 이슬을 맞은 새빨간 장미와 분홍색 장미가 이루 말할 수 없이 예뻤다. 그뿐 아니라 빨간 기상을 자랑하는 홍초와 봄이면 보랏빛을 자랑하는 난초와 여름을 장식하는 울긋불긋한 봉선화와 목백일홍과 화초 백일홍이 아름다웠는데 이 모두가 사라지는 것이다. 일이 잘 풀리지 않아 답답할 때 화초와 마음속으로 대화를 나누고 나의 속마음을 한없이 쏟아냈던 화초들이었지 않은가.

흙과 꽃나무를 싣고 떠나는 2톤 트럭을 보고 아무도 서운하다고 한 사람은 없었으나 나만 안타까워 바라볼 뿐이었다. 꽃들이 사라지면 늘 찾아오던 새와 나비와 벌은 찾아오지 않을 것이다. 이름 모를 새 암수 한 쌍이 항상 찾아와 구슬을 구르듯 아름다운 소리를 내며 정원에서 노는 것을 더 이상 볼 수 없으니 허망할 따름이다.

일하는 사람은 꽃나무와 흙을 모두 아래로 내려보낸 후 바닥을 물로 깨끗이 씻어 내고 뜨거운 햇볕에 말린 후 방수 작업을 준비하고 있다. 드디어 파란 방수액을 롤러에 묻혀 쓱싹 문지르기 시작한다. 바닥이 파랗게 칠해져 가고 있다. 바닥에 칠한 파란색이 깨끗하고 아름답다.

이제 아래층으로 물이 떨어질 일은 없으니 한걱정 내려놓았다. 그러나 15년 동안이나 가꾸고 즐기며 보았던 정원을 없애고 나니 너무나도 쓸쓸하고 할 일이 없는 것 같다. 그렇게 많이 날아왔던 나비와 벌이 날아오지 않고 새도 오지 않으니 너무도 쓸쓸하다. 아름답게 핀 꽃들도 보고 싶고 특히나 빨간 장미와 분홍 장미는 여름꽃으로는 그렇게 아름다울 수 없었다. 여름에 잊을 수 없는 꽃으로 빨갛게 피는 나무 목백일홍(일명 간지럼나무) 꽃은 멀리서 보아도 더운 여름날을 시원하게 해줬다.

그러나 한편으로는 옥상 정원을 없애기를 잘했다는 생각도 들었다. 매일같이 물 주는 일도 힘들었고, 또한 화분에 잡초가 많이 자라고 금방 뽑고 돌아서면 다시 나오는 것 같은 착각을 일으킬 정도로 빨리 나온다. 이렇게 잡초와 매일 싸우며 키워 왔던 정원의 꽃이었다. 이젠 볼 수도 없고 다시 만들 수도 없는 정원이다. 옥상의 정원을 폐쇄하고 옥상 바닥의 방수 작업을 하고 나니 이제는 안심이 되나 옥상이 너무나 쓸쓸하다. 아내와 함께 옥상에 올라가 꽃들을 바라보던 때를 추억으로 삼고 파란색 우레탄 방수 바닥을 보며 쓸쓸한 옥상의 옛 모습을 그려본다.

정 때문에

우리 집에서는 하얀 털을 가진 몰티즈 종류의 반려견을 한 마리 키웠다. 까만 눈동자의 맑은 눈으로 꼬리를 흔들며 뛰어다니는 모습이 앙증맞고 귀여웠다. 나는 이 강아지를 처음 보는 순간 하얀 콧등에 까만 점이 하나 있어 '코돌이'라고 이름을 지었다. 평소에 강아지 한 마리를 키웠으면 하던 차에 사위가 사무실 개업식 때 직원이 선물한 반려견 한 마리를 우리 집으로 가지고 와서 한 번 키워 보시겠느냐고 하기에 실내에서는 처음이지만 맡아서 키우기로 했다. 말을 잘 알아듣고 뛰어노는 것이 사랑스러워 보였다. 가장 뛰어난 것은 코돌이의 청각이었다. 가족의 발자국 소리를 모두 기억하는 것이었다. 외부인이 출입구에 들어서면 무섭게 짖어 대는데 우리 가족이 들어오는 소리가 들리면 보이지 않는데도 꼬리만 흔들고 짖지 않았다. 참으로 신기한 일이었다.

코돌이는 저를 키워 주는 가족에게 정을 붙이고 절대복종한다. 대소변도 일정한 곳을 정해 주니 그곳에서만 스스로 해결했다. 목욕을 시키면 그렇게 좋아할 수 없었다. 향기 나는 비누로 몸을 씻겨 주면 눈을 사르르 감으며 향에 취한 듯 움직이지 않고 가만히 있어 웃음이 저절로 나오기도 했다. 그러나 실내에서 키우던 것을 옥상에 내놓고 키워야 했다. 큰딸이 친정으로 첫 아이를 해산하기 위해 왔기에 실내에서 강아지를 키우는 것이 새로 태어날 외손주에게 위생상 좋지 않을 것 같아 어쩔 수 없이 옮길 수밖에 없었다. 코돌이는 넓은 옥상으로 옮겨 주니 마음껏 뛰어다니며 노는 것이 좋은지 꼬리를 더 열심히 흔들어 댔다.

코돌이와 생활한 지 17년이란 세월이 흘러 정이 들대로 들었다. 코돌이는 말귀도 알아듣고 간단한 심부름도 했다. 옥상에 올라가면 얼마나 반가워하는지 바짓가랑이에 찰싹 달라붙어 매달렸다. 특히 외손녀가 코돌이와 같은 해에 태어나 나이가 같으니 잘 대해 주고 예뻐해 주라고 말하면 즐거워 함박웃음을 지었다. 하루는 거두기가 귀찮아 다른 사람에게 보내려고 했으나, 먹이를 주는 주인을 잘 따르며 애교를 부리는 코돌이와의 정 때문에 없으면 허전할 정도가 됐다. 그러나 오랫동안 키워 온 터라 노쇠해 동작이 느려지고, 앞이 잘 보이지 않는 듯 여기저기 부딪치기도 하여 눈을 살펴보니 백내장 증세가 있었다. 17살인 코돌이는 인간의 나이로 따져 본다면 90세가 넘는 노인에 해당한다고 했다.

어느 날 아침, 사료를 주기 위하여 옥상에 올라갔는데 코돌이는 품에 안기지도 않고 힘이 빠져 있었다. 눈을 살펴보니 눈빛이 슬프게 보였다. 그것을 본 나 역시 눈물이 나왔다. 서로 마주 보는 동안 코돌이는 옥상 네 귀퉁이를 돌면서 하늘을 쳐다보며 세 번을 짖어 댔다. 내가 보기로는 울부짖음 같았다. 아마 몸에 이상이 생겨 생의 마지막을 하늘에 고하는 듯했다. 탈이 난 코돌이를 안아서 따뜻한 물로 약을 먹이고 보금자리에 눕혀 따뜻하게 이불을 덮어 주고 편히 쉬게 했다. 다음 날 아침 사료를 주려고 옥상에 올라가 밥 먹으라고 불러도 코돌이는 아무런 반응이 없었다. 몸을 만져 보니 숨을 쉬지 않고 다리가 쭉 뻗어 있었다. 배가 따뜻한 것으로 보아 방금 숨을 거둔 것 같았다. 17년 동안 정을 주고 재롱을 부리던 코돌이가 불쌍하여 깨끗한 상자에 곱게 싸 넣어 장례 준비를 하고, 동네 삼각산 아래 수녀원 뒷산 양지바른 곳에 묻어 줬다. 수녀원에서 이른 새벽과 저녁 늦게 흘러나오는 성가 소리를 들으며 편히 잘 쉬라고 마지막 작별을 하고 집으로 왔다.

오랜 세월을 키우는 동안 털이 자주 빠지고 행동도 느리고 하니 이제는 그만 키우고 다른 곳으로 보내라고 일러 주는 사람이 많았다. 그러나 나는 그동안 키우며 정이 들어서 도저히 떼어 보낼 수 없었다. 숨이 지는 날까지 너와 함께하겠노라고 다짐하며 17년을 키워 왔다. 그리고 코돌이의 마지막 삶의 모습을 거두고 잘 보내 주었다. 그 후 이웃에서 다른 종류의 강아지를 키워 보라고 가지고 왔으나 거절했다. 키우다 다시 정이 들면 모진 결심을 하기가 너무 두려워 코돌이를 키운 이후로는 다시는 반려견을 키우지 않기로 마음을 정했다.

내 이름

나이가 들어감에 옛날 일들이 아련히 생각난다. 70여 년 전 국민학교(지금의 초등학교)에 들어가기 위하여 취학통지서를 받고 보호자이신 아버지 대신 셋째 형님이 나를 데리고 학교에 갔던 일이 생각났다. 초등학교 입학할 때까지만 해도 솔직히 호적상 나의 이름이 무엇인지 잘 몰랐다. 집에서는 7남매의 맨 마지막 순번인 일곱 번째이며, 아들 5형제 중 맨 마지막 순번인 다섯 번째 아들로서 집에서 부르는 이름으로 오동(五童)이란 아명(兒名)을 지어줘 가족 모두가 하도 많이 불러서 귀에 익은 이름이 되어 이것이 나의 정식 이름인 줄로 알았다.

형님과 함께 학교에서 입학 소집을 하던 날 담임 선생님이 결정된 반에 모여 입학생 모두에게 자기 이름을 묻는 것이었다. 나의 차례가 됐다. 인자하신 선생님은 웃으시며 차분한 목소리로 "네 이름이 무엇이니?" 하고 물으셨다. 나는 당황했다. 나의 이름을 무엇이라고 대답해야 할지 혼란스러웠다. 호적상의 이름이 잘 생각나지 않았다. 무엇이라고 대답하여야 할지 매우 당황했다. 망설이던 중 나도 모르게 "오동이에요" 하고 대답했다. 대답하는 순간 옆에 계신 형님과 담임 선생님이 놀라셨다. 담임 선생님이 다시 말씀하셨다. "그 이름은 집에서 부르는 이름이고 너의 본이름은 무엇이라고 부르느냐"고 다시 물으셨다. 아무리 생각해도 내 이름이 생각나지 않았다. 우물쭈물 망설이고 있는데 담임 선생님이 "호적상의 너의 이름은 김욱(金煜)이다"라고 말씀하셨다. 그때서야 나의 본이름이 생각났다. 이 광경을 보신 보호자이신 형님은 크게 웃으시며 "집 밖에서 부르는 너의 이름은 '욱(煜)'이다" 하시며 크게 말씀하셨다. 이때서야 나의 호적상 밖에서 부르는 이름이 '김욱(金煜)'이란 것을 확실히 알았다.

이것이 사회에서 처음 겪는 입학 면접시험이었던 것이다. 면접이 끝나고 형님과 함께 집에 돌아와서 학교에서 있었던 사실을 집안 모든 식구에게 말해 제 이름도 제대로 말 못 하고 "오동이에요"라고 말했다고 놀리시는 것이었다. 나는 얼마나 부끄럽고 창피했던지 같이 가셨던 형님이 원망스러웠다. 지금도 이런 과거의 이야기를 하며 놀려 댈 때는 얼굴이 붉어진다. 이렇게 놀리시던 형님도 재작년에 노환으로 이 세상을 떠나시고 안 계시니 참으로 허망하기도 했다.

집에 돌아와 나는 아버지에게 원망했다. "아버지, 어째서 저의 이름을 한 글자로 지어서 아이들에게 놀림을 받게 했느냐"고 말씀드렸다. 아버지께서 말씀하시기를 "아이들이 몰라서 하는 소리이다. 너의 이름을 한 글자이기는 하지만 항렬을 따서 지은 훌륭한 이름이다" 하시며 "외자로 지은 이유는 막내아들이기에 앞으로 부자로 잘살고 행복하게 살도록 사주팔자를 보고 지은 이름이다"라고 하셨다. 그러나 나는 아이들에게 '묵'이라고 놀림받기가 싫으니 이름을 바꾸어 달라고 떼를 썼다. 이 말을 들은 아버지께서는 알았다고 하시며 생각해 보겠다고 하셨다. 이렇게 하여 나의 이름은 아버지께서 정식으로 법원에 개명(改名) 신청 접수를 하여 지금 이름인 '병헌(炳憲)'으로 개명됐다. 초등학교 2학년 때부터 '욱(煜)'에서 '병헌(炳憲)'으로 사용했으며 이 근거는

옛 호적등본을 보면 호적 사유란에 개명 신청 사유가 나와 있다. '병헌'으로 개명해 사용하고 있는데 개구쟁이 아이들은 또 트집을 잡아 놀려댔다. 어찌 '새 병'이 아니고 '헌 병'이냐고 하고 군에서 규율을 잡는 '헌병'이니 무섭다고도 했다.

이렇게 이름 얽힌 해프닝과 사연을 남달리 지니고 성장했지만, 부모님께서 새로이 개명해 주신 '욱(煜)'과 '병헌(炳憲)', 우리 가문의 항렬을 따서 지어주신 빛난 이름이므로 별 탈 없이 아버지의 뜻에 맞게 살아가려고 한다. 부모님께서는 자식의 이름을 지으실 때 얼마나 신중을 기하여 좋은 이름으로 지으려고 애쓰셨는지, 나도 자식을 낳아 이름을 지어 보니 부모님의 심중이 얼마나 깊으셨는지 헤아리게 된다. 나 역시 자식들의 이름을 지을 때마다 뜻과 의미를 새겨 최고로 멋진 이름을 짓고만 싶었으니 얼마나 귀하고 거룩한 이름 짓기인지 모른다.

어느덧 세월은 많이도 흘렀다. 그때 부끄럼 타던 어린 동생이 귀여워 마구 놀리시던 형님도 노환 중에 계시다가 재작년에 세상을 떠나셨다. 형님이 안 계시니 참으로 허망하고 쓸쓸하기가 그지없다. 사랑하는 자식이 이름 때문에 놀림을 받지 않도록 까다로운 법절차를 밟아서까지 개명해 주신 부모님께 항상 감사드리며, 부모님은 자식이 원하는 일이면 무엇이든 들어주려 하시는 분이시기에 자식 된 도리 일부분이라도 보여드리고 싶어 한사코 나는 이름값을 더한 빛난 삶을 살아가려 한다.

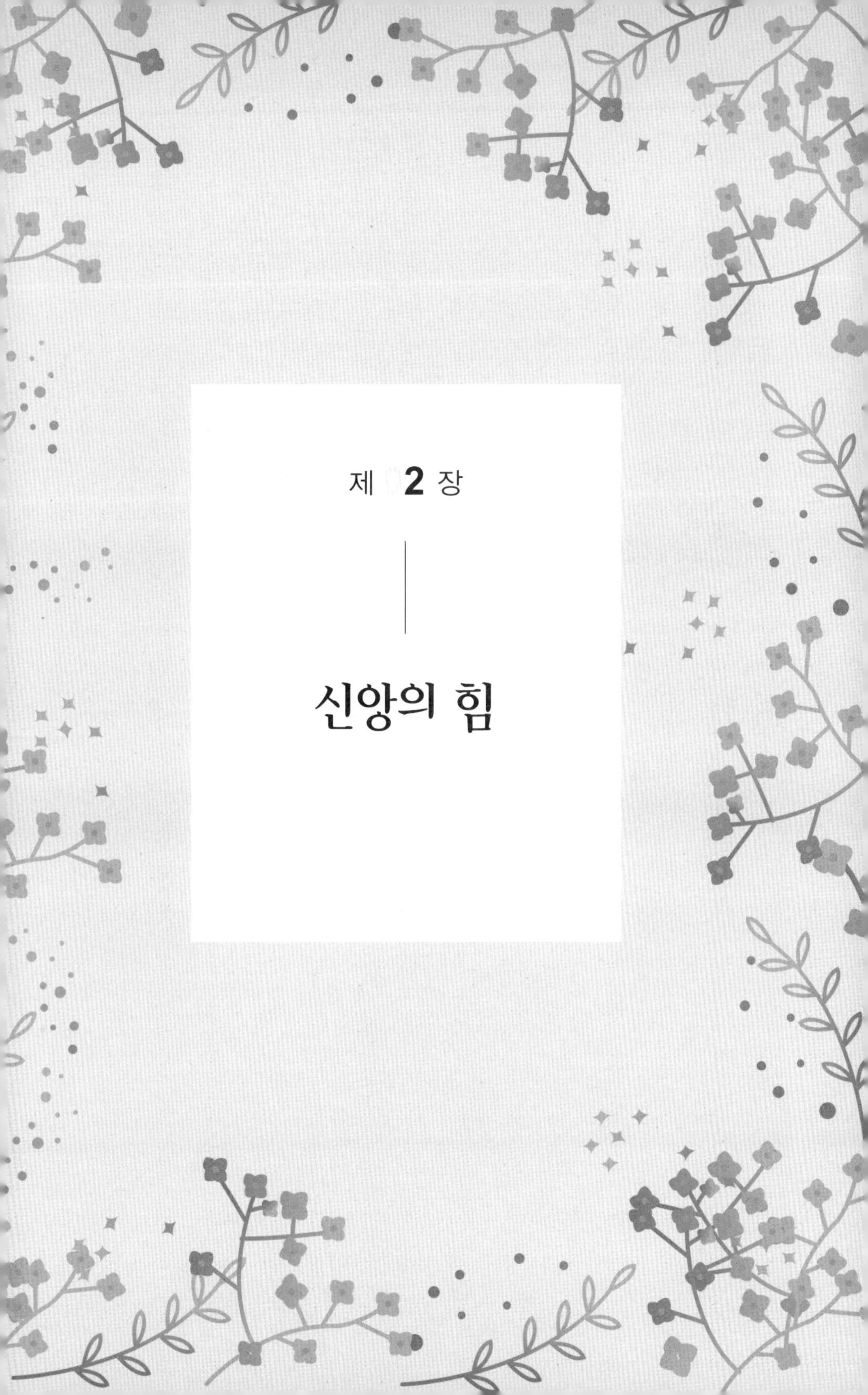

제 2 장

신앙의 힘

남녀(男女)는 누구나 평등(平等)해야 한다

1951년 초등학교 6학년 때의 일이다. 6 · 25 한국전쟁 이후 그 당시만 해도 남녀칠세부동석(男女七歲不同席)이 심한 시대였다. 학교 옆에는 조선 시대의 교육기관인 향교(鄕校)가 바로 옆에 있었다. 그래서 그러했는지는 몰라도 우리 학교 학생들은 남녀 학생의 접촉이 가까워지지 않았다. 6학년 올라와서 학년초라 반 편성이 있었다. 그 당시 나의 6학년 반은 모두 4개 반으로 편성돼 3개 반은 남학생이고 1개 반이 여학생인데 여학생반 인원이 모자랐다. 당시 전쟁 후라 여학생들은 학부모가 학교에 보내지 않고 학구열이 떨어진 현실로 여학생들이 학교에 많이 나오지 않았다.

이러한 상태에 교장 선생님이 현명한 판단을 내리셨다. 1, 2반은 남학생으로 편성하고 3반, 4반은 비교적 얌전한 남학생과 한 반이 안 된 여학생을 절반 인원으로 나누어 남녀 혼합반으로 3반, 4반을 만들어 남녀 평등한 반으로 편성했다. 나는 6학년 3반이 됐다. 남학생과 여학생이 한 책상에서 나란히 같이 앉도록 혼합 편성한 것은 아마도 전국에서 처음 있었던 일이었다. 이런 학교가 나의 모교인 정읍동국민학교(지금의 초등학교) 송치강 교장 선생님의 아이디어였다.

남녀 학생이 한 책상에서 같이 앉으니 자연히 경쟁심이 생기고 더욱 노력해 성적은 자연히 오를 수밖에 없었다. 그 결과는 전교 일등이라는 성적이 나왔다. 우리를 가르치신 담임 선생님이신 정용화 선생님은 얼마나 좋아하시는지 모두가 학생들 덕이라고 학생들에게 그 공을 돌리셨다. 나 역시 여학생 짝꿍에게 지지 않으려고 열심히 공부한 결과였다. 그 당시 나는 좋아하는 여학생이 있었다. 어찌나 새침하던지 말붙이기가 매우 힘들었다. 나 역시 숫기가 없어 졸업할 때까지 고백 한 번 못 하고 혼자 짝사랑으로 품고 지냈다. 지금쯤은 호호백발에 손주들을 몇 거느린 할머니가 됐을 것이다. 서울에서 살고 있다면 길거리에서라도 한 번쯤은 마주칠 수 있으련만, 70여 년이 지난 지금까지 한 번도 마주친 적이 없어 지금도 아쉬움으로 남아 있다.

당시 혼합반을 편성하신 교장 선생님은 앞을 내다보시며 양성평등을 위한 현명한 판단을 하신 것 같다. 그 당시 우리 세대는 전국적으로 처음 국가시험을 치르고 중학교에 입학했다. 지금으로 친다면 대학수학능력시험과 같은 중학교 입학 자격시험인 것이다. 나는 좋은 성적을 받아 호남의 명문인 정읍 호남중학교에 우수한 성적으로 상위권에 입학했다. 초등학교 6학년 때 남녀 혼합반에 배정돼 열심히 공부한 덕이었다. 이것이 오늘날 양성평등의 시초가 된 것이 아닌가 생각된다. 중학교 국가고시 제도는 2년 실시하고 폐지돼 아쉬웠다.

이렇게 공부해서 중학교, 고등학교, 대학교를 졸업하고 직장에 취업해 회사에 처음 들어가 보니 섬유를 수출하는 무역회사였다. 남녀 사원들이 많이 있는데 대부분이 남자 사원이고 여자 사원은 대부분이 타이피스트 사원이었다. 무역회사 특성상 은행에 수출 담당 서류 중 외화를 입금하는 Nego 서류를 내는데 이 서류를 여자 타이피스트들이 작성하는 것이다. 자기가 담당하는 업무는 처음부터 끝날 때까지 자기가 맡아서 끝내야 하는데 타자 몫을 왜 여직원에게 맡겨 수고를 끼치는지 알 수 없었다. 그 여직원에게 타이핑만 치게 할 것이 아니라 다른 업무를 시키면 그보다 효율을 얻을 수 있으리라 생각됐다.

타이피스트 여사원들은 아침에 출근해서 하루 종일 타자만 치고 무역회사 특성상 야근이 많아 밤늦게까지 타자를 치다 퇴근한다. 그러므로 어깨 통증을 호소하는 직원이 생겨 직업병으로까지 확대됐다. 남자사원은 타자가 완료될 때까지 아무 일 없이 앉아 있다가, 타자 서류 늦는다고 독촉이 심하다. 그러나 여사원은 아무 말 없이 타이핑만 치면서 자기 일을 하는 데 집중하는 것이다. 여사원들은 이것뿐만이 아니라 온갖 잡일을 도맡아 한다. 이것이 양성평등에 어긋나는 일이다. 아침에 출근하면 무조건 커피를 타서 남자 사원들에게 대접한다. 소위 말하는 모닝커피이다. 자기가 먹고 싶으면 자기가 각자 타 먹으면 여직원 손을 빌리지 않아도 되는데 바쁜 여사원에게 폐를 끼치고 업무에 방해되는 일을 하는 것이다. 이런 것들이 1960년대의 회사 분위기였다. 또한 회사 사무실의 청소며, 오만 잡일을 모두가 여사원들이 맡아 했다.

아침에 출근하면 전 직원의 책상 먼지를 닦는 일이 여사원들의 몫이다. 나는 이것이 마땅치가 않았다. 자기 책상은 자기가 닦고 앉아야 옳은 일이 아닌가? 그런데도 여사원에게 전 책상을 닦는 일 등 모든 잡일을 시키는 것은 양성평등의 원칙에 어긋나는 일이다. 그러나 그 당시는 이러한 것들이 보편화됐다. 이런 것들이 악순환돼 오늘날 사회

발전으로 사회 계몽운동이 일어난 것이다. 자기의 일은 각자 자기가 하자고 여성들이 들고일어난 것이다. 여성들이 각성한 것이다. 오늘날 남녀 구분 없이 똑같이 일하고 똑같이 대우받으면서 일하자고 운동이 일어난 것이다. 과거에는 많은 일을 하면서도 남자 사원보다 월급을 적게 받는 일이 보통이었다.

지금은 자기의 노력과 능력만으로 남자 사원보다 더 많은 대우를 받는 여자 사원이 많이 있다. 자기 실력의 대우를 받게 된 것이다. 이것이 양성평등의 원칙으로 인한 결과이다. 오늘날 여성 대표자들이 일선에서 얼마나 많이 활약하고 있는가! 오히려 남성보다 월등히 실력을 발휘하고 있고, 사회에 많은 기여를 하면서 발전하고 있는지 많은 매스컴이나 지상을 통해 알고 있다. 옛날에는 여자가 배워서 무엇 하느냐고 학교에도 보내지 않고 집에서 살림을 배워서 시집이나 가는 것이 그 당시의 여성상이었다. 그러므로 비극도 많았다. 이혼율이 높았고 여성의 사회 진출이 적음으로써 발전이 없었다. 국가적으로도 큰 손실이 아닐 수 없다. 그러나 지금은 시대가 달라졌다. 남녀 구분 없이 똑같이 자기 능력과 실력대로 대우받는 것이 오늘날의 현실이다. 오히려 여성의 실력이 남성보다 월등히 뛰어난 것이 많이 있다. 회사뿐만 아니라 국가공무원, 은행원, 체육계, 예술계에 뛰어난 인재가 얼마나 많은가 감히 남성이 따라가지 못하는 부분이 많다. 이렇게 남녀 평등하게 대우함으로써 많은 발전이 오고 국가적으로도 이익이 오는 큰 발전이다.

요즈음 우리나라 여성이 뛰어난 실력으로 세계를 제패한 모습을 보고 있다. 세계를 제패한 한국의 여성 골퍼가 10명이 넘는 것으로 알고 있다. 오늘날 남녀 차별을 한다는 것은 큰 수치이다. 과거에는 남성이 벌어 아내에게 살림을 맡겨 남성이 기세를 부리고 여성은 살림을 했으나, 지금은 여성이 사회에 진출해 얼마나 훌륭한 일을 많이 하고 있는가! 그래서 오늘날 여성의 결혼이 만혼이 넘어서도 결혼을 하지 않고 독신을 주장하는 여성이 많지 않은가! 나도 만혼이 넘은 딸이 있는데, 굳이 결혼해 남편의 시중을 들고 살 필요가 없다고 한다. 아무리 설득해도 혼자서 결혼 안 하고 충분히 살 수 있다고 버티고 있다.

오늘날 이러한 주장은 맞지 않지만 사회의 현실이 이렇게 돌아가고 있으니 어쩔 수 없는 일이다. 남녀는 서로 평등하다, 누가 위이고 아래가 없이 똑같이 의견을 나눔으로써 평등하게 살면서 자식 교육을 시키고 사회에 남녀평등을 이루는 것이다. 나는 오늘의 남녀 양성평등을 대환영하며 적극적으로 지지하는 바이다.

문학세계와 나
— 월간 『문학세계』 지령 300호 기념

월간 『문학세계』의 지령 300호 발행을 진심으로 축하드린다.

『에세이21』에서 등단한 나는 『문학세계』로부터 원고청탁을 받고 제출한 원고가 처음 받은 위내시경 검사를 수필화한 글이 2015년 3월호에 발표돼 첫 인연을 맺었다.

2016년에는 시세계문학상 공모에 응모한 「화폐수집」이 본상을 수상해 『시세계』 가을호에 발표됐다. 2017년 세계문학상 공모에도 응모해 「아버지의 연상(硯箱)」이 (사)세계문인협회가 주최한 세계문학상 수필 부문 본상에 당선돼 『문학세계』와 더욱 깊은 인연이 됐다.

『시세계』와 (사)세계문인협회의 인연을 맺은 작품으로 『문학세계』는 2018년 7월호에 〈나의 문학관〉 43번째로 게재, 컬러 화보와 무려 23페이지나 할애된 지면에 '문학은 나의 삶의 벗이며, 내 인생의 행로(行路)이다'라는 문학관을 발표해 나의 문학 행로에 밝은 빛을 밝혀 줬다. 무한한 감사와 영광이 나의 문학의 디딤돌이 되어 더 좋은 작품을 발표할 수 있음을 확신한다. 세계문학상 시상식 때 『문학세계』로부터 대상을 수상하면 세계에 진출해 노벨문학상에 도전하겠다는 꿈을 발표했다.

『문학세계』는 나에게 행운을 안겨 준 잊을 수 없는 문학사로 항상 나의 가슴에 영원히 간직하며 작품을 발표할 것이다. 감사하다.

회귀본능(回歸本能)

장성이 고향인 나는 국민학교(지금의 초등학교) 4학년 때 이곳 정읍으로 이사해 전학을 왔다. 정읍은 샘고을이라 인심 좋고 물이 좋아 어느 곳을 파도 땅에서 물이 솟아나 농사짓기에 아주 편하고 풍년이 잘 드는 곳이라고 했다.

6 · 25 한국전쟁이 일어나기 직전 1949년에 정읍으로 이사한 것이다. 이사할 때 운반 차량이 없어 고생했다. 당시의 화물차 구하기란 여간 힘이 들었다. 휘발유가 귀하던 시절이라 화물차는 휘발유 대신 목탄을 연료로 사용하던 시절이었다. 자동차산업이 발달하지 않은 당시로서는 화물차가 상당히 귀했다. 그 당시에 있었던 화물차는 일제 고물 화물차가 있었으나 구하기가 힘들었던 때였다.

장성에서 정읍으로 이사를 하려면 필수적으로 지나야 하는 높은 산이 있다. 소위 말하는 장성갈재가 바로 이곳이다. 이곳은 높은 지대로 화물을 싣고 올라가다가 엔진에 시동이 꺼지면 다시 운전하기 힘들었다. 당시의 화물차는 반드시 조수가 따라다녔다. 엔진 시동이 꺼지면 조수가 밖에 나와 차량 앞 엔진 구멍에 시동 클러치를 꼽아 손으로 세게 돌려야 시동이 걸리는 차량이다. 목탄을 이용하기 때문에 차량이 힘을 받지 못해 높지 않은 언덕을 올라가도 시동이 자주 꺼지는 불편이 생긴다. 그러므로 운전기사들은 장성갈재를 통과하는 곳은 가려고 하지 않는다. 갈재에서 시동이 꺼지면 그날은 하루 종일 움직이지도 못하고 고생만 하는 날이다.

다른 지역으로 이사할 때 차량 구하기가 힘든 시기였다. 정읍으로 이사하는 데 화물차를 구하기가 힘들어 할 수 없이 아버지께서 기차역에 나가 화물 운송 계약을 하시고 이사하기로 했다. 기차 화물 차량에 이삿짐을 싣기 위해 집안의 가구는 물론 기르던 가축인 돼지, 닭, 누렁이(개)까지 모두 화물 차량 안에 실었다. 돼지와 닭은 우리를 만들어 실었으나 누렁이(개)는 목줄이 있어 화물칸 문고리에 매달아 둬도 될 듯해 매달았다. 전기가 들어오지 않는 화물 차량이기에 문을 닫고 잠그고 그대로 나왔다.

기차 화물 차량은 당일 출발하는 것이 아니고, 화물들이 모여서 많은 차량이 돼야 기관차가 배정돼 출발한다. 화물들이 모이려면 보통 2~3일 정도 돼야 지정된 역에 도착한다. 3일 만에 정읍역에 도착해 이삿짐을 챙기는데 모두 실었던 그대로 있었으나 있어야 할 누렁이가 보이지 않았다. 아무리 찾아보아도 화물칸 차량 안에는 없었다. 출입문 쪽 누렁이를 묶어 두었던 고리에 줄이 끊어져 있는 것을 보았다. 추측하건대 성질이 급한 누렁이가 좁고 어두운 화물차 공간에서 답답한 나머지 몸부림치다가 이삿짐 위로 올라가 화물칸 위쪽에 열려 있는 공기 순환 창문을 통해 탈출한 것으로 보였다.

정읍역에 도착한 이삿짐을 운반하는데 역시 화물차 구하기가 힘들어 역에서 집까지 이삿짐을 운반하는 것도 걱정거리였다. 마침 정읍역 옆에 대한통운에서 운영하는 우마차가 있어 이사 온 집까지 이삿짐을 운반했다. 지금 그때를 생각하면 속담같이 '호랑이 담배 먹던 시절' 이야기 같았다.

이삿짐을 정리하고 나니 있어야 할 누렁이가 없어 마음이 불안했다. 어떻게 찾을 길이 없을까 하고 방법을 찾는데 주위 어른들이 말씀하시기를 "개는 원래 살던 집을 찾아가는 회귀본능(回歸本能)이 있다"고 말씀하시어 "장성의 살던 집에 있을 것이니 확인해 보라"고 했다. 어른들 말씀대로 다음 날 장성 옛 살던 집에 찾아갔다. 마당에 들어서니 마루 밑에 있던 누렁이가 나를 보자마자 벌떡 일어나 안기는 것이었다.

얼마나 반가웠던지 꼬리를 한없이 흔들어 대며 반기어 머리를 쓰다듬고 안아 주었다. 사람이 잃어버렸다 찾은 것보다 더 반기는 것이 인간보다 동물이 더욱 깊게 느껴졌다. 새로 이사 온 주인아주머니 말씀이 "모르는 개 한 마리가 집안으로 불쑥 들어오더니 집 안팎을 둘러보고는 마루 밑으로 들어가 엎드려 있어 아무리 밖으로 내쫓아 나가도록 했으나 꼼짝을 하지 않아 이상하다고 여겨 굶길 수는 없어 밥을 주며 나오라고 달래 보았으나 먹이도 전혀 먹지 않고 눈만 껌벅거리고 엎드려 있었다고 했다.

수년 전 일간신문에 진도에서 자랐던 진돗개인 백구 한 마리가 대전으로 분양돼 갔는데 대전에서 살지 못하고 진도까지 걸어서 자기 집으로 찾아갔다는 기사가 대서특필로 사회면을 가득 메운 적이 있었다. 우리 집 누렁이는 이보다 먼저 60여 년 전에 제가 살던 집으로 찾아왔던 선배견이기도 하다. 인간도 객지에서 살다가 늙어지면 죽기 전에 자기 고향을 찾아가듯이 인간이나 동물 역시 모두가 자기 집과 고향을 찾는 회귀본능(回歸本能)을 가지고 있다는 것이 증명된 셈이다.

전에 살던 집에서 누렁이를 찾아 새로 이사 온 정읍 집으로 데리고 오니 마음이 한결 놓였다. 길거리 전신주와 벽에 붙은 벽보에는 잃어버린 아이를 찾는 광고와 요즈음은 기르던 강아지를 찾는 광고가 많이 붙어 있다. 이들도 하루속히 부모를 찾고 주인을 찾아 찾는 이들의 마음을 안심시켰으면 좋겠다. 기차 화물칸에서 탈출한 누렁이를 전 집에서 일주일 만에 다시 찾아서 집으로 데려와 기뻐했던 그 시절이 지금 있었던 것처럼 머릿속에 기억이 생생해 옛 생각이 되살아난다.

인생의 재발견

산을 좋아하는 우리 부부는 매월 첫 주에 고향인 장성향우회산악회의 등산 날에 빠지지 않고 건강을 위해 열심히 참석하고 있다. 2017년 3월 첫 주일은 북한산을 등산하는 날이었다. 우리 부부도 다른 회원들과 함께 뒤처지지 않고 열심히 따라갔다. 목적지인 대동문을 향해 중턱의 언덕을 올라가는데 갑자기 숨이 가쁘고 발걸음이 무거워 더디게 걸어가므로 자연히 뒤처져 가게 됐다.

산악회 선두 깃발과 중간 깃발의 대원들은 이미 먼저 올라가서 보이지 않고, 후미 깃발 대원은 한 발짝도 움직이지 못하는 나 때문에 올라가지 못하고 나를 부축하고 있어 나는 깃발 대원에게 미안해 "천천히 올라갈 터이니 먼저 올라가라"고 했으나 "환자인 대원을 남겨 두고 먼저 갈 수는 없습니다"라고 하며 내가 움직이며 올라갈 때까지 기다리고 있었다. 나는 더욱 미안해 한 발짝씩 발을 움직여 보았다. 한 걸음씩 걷기는 했으나 더욱 숨이 차오르고 가빠지기 시작했다. 가까스로 움직여 시간이 오래 걸렸으나 목적지까지 간신히 오를 수 있었다. 이날 대원들과 함께 끝까지 산행을 무사히 마치고 하산해 집에 잘 도착해 안정을 취했다. 무리하지 않고 편히 앉아 쉬면 숨 고르기가 쉽고 안정돼 간다.

아무래도 내 심장이 또 이상이 있는 것 같아 작년에 시술을 받았던 순환기내과 주치의 선생님을 찾아가 증상을 상세히 설명하니 심장으로 혈액을 공급하는 혈관에 문제가 있는 것 같다고 당장 입원해 작년에 시술한 곳을 검사하자고 해서 나는 검사를 받기 위해 입원 수속을 했다. 검사 결과 작년에 스텐트(Stent)를 끼운 혈관은 시술 후 혈액 공급이 잘되고 있는데 다른 한 줄기 혈관이 좁아져 혈액 공급이 잘 안되고 있어 숨이 가빠진다며 시술하지 않으면 생명이 위험하다고 해서 나는 시술 동의를 하고 수술실로 이동했다. 수술대에 누워 천장을 바라보니 마음이 착잡했다. 그동안 나는 내 인생을 올바르게 살아왔는지 또는 나보다 어려운 내 이웃을 위해 주변을 살펴왔는지를 반성해 보았다.

오른 팔목의 동맥혈관에 시술 구멍을 뚫은 곳에 스텐트를 넣는 시술에 들어갔다. 부분 마취를 해 아프지는 않았다. 옆 모니터를 통해 동맥을 따라 스텐트를 끼워 들어가는 것이 내 눈으로 보였다. 시술이 한 시간여 만에 끝나서 바로 중환자실로 이동했다. 등산 시에 호흡곤란을 일찍 발견했기에 천만다행이었다. 발견하지 못하고 더 증상이 심해진 후에 치료받을 수 없는 곳에서 증상이 나타났다면 내 인생은 어떻게 됐을지 생각하니 아찔했다.

중환자실은 수술 경과를 보기 위해 일정 시간 중환자실에 입원시키는 것이다. 수술하고 들어온 환자들이 여기저기서 지르는 비명 소리와, 심지어는 아프다고 욕설까지 하는 환자, 신음 소리는 물론이고 아우성치는 환자도 있어 그야말로 전쟁터를 방불케 했다. 중환자실의 간호사들은 긴장 상태에서 군대에서 비상이 내려진 것과 똑같은 상황이다. 근무하는 시간 동안 뛰어다니므로 앉을 시간이 없다. 중환자실에서 환자들이 가장 불편한 점은 화장실이 없고, 자기 병상에서 일절 내려오지 못하게 금지돼 있어 대소변을 해결하기가 가장 불편한 상황이다. 간호사는 매시간 혈압과 체온과 소변량을 체크해 병상기록부에 기록해 환자 상태를 살핀다. 만 하루가 지나서야 주치의의 일반병실 이동 허가가 나와 병실로 옮겼다. 시술 후 일반 병실에 돌아오니 대기하고 있던 환자들이 무사히 시술하고 돌아왔다고 반겨주며, 어떤 환자는 자기도 스텐트를 일곱 개나 시술해 끼웠다고 했다.

스텐트를 작년과 금년 각 한 개씩 끼우고 나니 호흡이 정상으로 쉬어지는 것 같다. 중환자실 간호사의 지시에 따라 숨을 깊고 길게 들이마신 후 1~2초 쉬었다가 내쉬는 호흡 연습을 했다. 길게 내쉬면 폐활량이 커지고 혈관에 혈액 공급이 잘된다고 한다. 평상시에도 이렇게 호흡을 하라고 알려 줬다. 옛날 같았으면 혈액 공급이 부족해 꼼짝없이 숨이 멈추어 버린다고 한다. 그러나 현대의학의 발달로 쉽게 치료할 수 있어 내 생명을 찾을 수 있었다. 아내와 아들과 딸 자매와 큰 외손녀가 병문안을 와 주어 고마웠다. 특히 내 병상 옆에서 외손녀가 간절하게 건강을 빌어 주는 마음이 더욱 기특했다.

담당 주치의는 처방된 약을 지정된 시간에 꾸준히 복용하라고 당부하며 그렇지 않으면 길거리에서 쓰러져 구급차에 실려 응급실에 오는 경우가 있으니 특별히 유의해 복용하라고 했다. 이렇게 작년에 1차 4일과 금년에 2차 4일간 입원해 두 번의 시술을 했다. 복용약을 처방받고, 퇴원 후에는 2개월에 한 번씩 병원에 가서 담당 의사에게 진료를 받고 그간의 경과를 이야기하면 병세를 체크하고 처방해 준다.

우리 신체 어느 부위 중요하지 않은 곳이 없으나 특히 심장은 생명과 직결되므로 중환자실의 간호사가 가르쳐 준 호흡법을 평소에도 항상 하도록 해 건강에 유의하고 충분한 운동과 체력단련으로 빨리 건강이 회복돼 사랑하는 가족들을 걱정시키지 않도록 해야겠다. 이렇게 스텐트 시술을 받음으로써 나는 활기를 찾고 내 인생의 전환점을 재발견했다.

흔히 말하는 "돈을 잃으면 조금을 잃는 것이고, 명예를 잃으면 많이 잃는 것이고, 건강을 잃으면 전부를 잃는 것이다"라는 말이 있듯이 건강이 중요하다는 이 교훈은 심혈관 스텐트 시술을 받은 나에게 더욱 절실히 느끼게 해 줬다. 생업에 쫓기더라도 하나뿐인 자기 생명을 소홀해서는 안 되겠다. 깊고 긴 심호흡법과 스텐트 시술로 위기를 넘기고 생명을 연장해 제2의 생명을 얻은 현대의학으로 인생의 재발견을 하게 되어 참으로 기쁘고 고마웠다.

80여 년 만의 장 검사

국민건강보험공단에서 2년에 한 번씩 실시하는 건강검진을 빠짐없이 꼭 받아 왔다. 검진 중에 가장 중요한 위내시경 검사가 있어서 피보험자 입장에서는 상당히 중요한 검사이다. 이 검사에서 암을 발견할 수도 있어 조기 치료를 할 수 있는 계기가 된다. 그중에 중요한 한 가지가 빠져 있어 피보험자로서는 항상 불만이 쌓여 있다. 암 발생률이 가장 많은 대장내시경 검사가 보험에서 빠진 것이다. 개인 부담으로 검사를 받아야 하는 실정으로 개인에게는 상당히 부담되는 검사이기도 하다.

그동안 한 번도 받아본 적 없는 대장내시경 검사를 여든이 가까이 돼서야 처음으로 받아 보기로 하고 2018년 12월 20일 큰마음을 먹고 결정하여 병원 공단검진예약과에 신청서를 냈다. 예약을 마치고 나니 내시경 검사에 필요한 약물 즉, 대장 속을 완전히 비우는 약품인 '콜론 나이트'라는 약 8봉지를 주며 먹는 법의 설명을 듣고 나왔다. 검사 당일 아침 7시부터 30분 간격으로 약물을 물에 타서 15분 간격으로 250㎖씩 마시라고 했다. 이 약물은 대장검사를 하기 위해 대장 속을 완전히 비우는 일종의 배설을 위한 준비 작업이었다. 빈속에 이 약물을 먹기가 매우 거북하고 힘들었다. 4ℓ의 약물을 쉬지 않고 시간 내에 마시기란 보통 힘든 일이 아니었다. 검사를 위해 먹지 않을 수 없었다. 약물의 반 정도 마시고 나니 배 속이 요동치기 시작한다. 배설하기 시작하는데 이것은 소변처럼 줄줄 쏟아지는 설사였다. 완전히 장내의 변을 제거하는 장 세척제인 것이다. 계속하여 설사를 하는데 속수무책이었다. 검사를 위하여 이를 감수하고 견디며 마지막까지 4ℓ의 약물을 모두 마셔야 했다. 약물을 모두 마시고 설사를 끝내고 장을 모두 비운 후 검사 시간에 맞춰 병원으로 갔다. 검사 시간에 맞춰 내시경을 받기 위해 검사대에 올라가 누웠다. 처음 해 보는 검사인 관계로 두려움과 공포로 마음이 불안해지고 걱정됐다. 그러나 검사하는 의사 선생님이 "조금만 참으면 검사를 마칩니다"라고 안심시켜 조금은 마음을 놓을 수 있었다.

대장(大腸)이란 소장의 끝에서 항문에 이르는 소화기관으로 식물성 섬유의 소화와 수분의 흡수를 맡아 보는 장 기관으로 척추동물에서는 맹장, 결장(結腸), 직장(直腸)의 세 부분으로 이뤄지며 소장보다는 짧고 굵으며, 수분을 흡수하여 똥을 만드는 큰창자라고 사전에 명시돼 있다. 세밀히 검사하는 의사 선생님이 "대장에 용종이 2개 발견됐다"며 그중 큰 것을 떼어 내 조직검사를 해 보겠다고 했다. 30여 분의 시간에 검사를 마치고 나오니 일주일 후에 외래진료실에서 검사 결과를 확인하기 위해 진료받으라고 했다. 두려움에 싸였던 대장내시경 검사를 무사히 마치고 나니 마음이 한결 가벼웠다. 다만 떼어 낸 용종의 검사 결과가 걱정됐으나 좋게 나오기만을 바랄 뿐이다.

일주일 후에 외래진료실에 나와 검사 결과를 기다렸다. 차례가 되어 진료실에 들어가 걱정된 마음으로 의사 선생님 앞에 앉아 선생님의 표정만을 기다렸다. 검사 결과 사진을 자세히 본 후 "아무 이상이 없이 좋게 나왔습니다"라고 했다. 이 말을 들은 나는 뛸 듯이 기분이 좋았다. 보호자인 아내도 안도의 한숨을 내쉬며 매우 기뻐했다. 대장 안에 있는 악성 물질들이 어떻게 변화될지 모를 처지에 미리 검사함으로써 결과를 알아보는 것이 얼마나 다행스럽고 기분이 좋은지 모르겠다.

기계도 10년 이상 사용하면 녹슬고 빽빽하여 멈출 때가 많은데 이럴 때마다 기름을 치고 먼지를 닦아 내야 다시 돌아가는 현상인데, 인간인 나는 내 몸에 지닌 장기를 80여 년이 되도록 한 번도 검사해 보지 않았으니 공장의 기계보다 더 관리를 안 한 것이다. 그러므로 어떻게 나의 건강을 보전할 수 있었을까 하는 마음에 나 자신이 깜짝 놀라기도 했다. 다행히 용종의 조직검사 결과도 아무 이상 없다고 했으니 앞으로 자주 검사해서 예방함으로 내 건강은 내가 지켜야겠다는 각오를 다지게 됐다.

대장내시경 검사를 받기 위해서는 사전준비 및 조심해야 할 것들이 많이 있다. 이것을 지켜야만 검사받는 데 용이하다. 검사 3일 전부터 딱딱하고 질긴 음식, 씨 있는 과일, 소화가 잘 안되는 음식 등을 먹지 말아야 한다. 정확한 검사를 위해서는 변에 건더기 없이 소변과 같은 물변을 보아야 하므로 꼭 확인해야 한다. 검사 전날 저녁 식사는 반찬 없는 흰죽을 먹어야 한다. 이상과 같이 검사 전 지킬 사항을 지켜야만 검사받는 데 수월하다.

위나 대장은 암 발생 요소가 가장 많은 곳으로 최소한 2년에 한 번씩은 꼭 내시경 검사를 받아 이상 유무를 확인해야 건강 상태를 유지할 수 있다. 이 두 곳은 육안으로 확인할 수 없어 정기적인 검사가 필요한 곳으로, 암 발생 요인이 가장 많아 건강보험공단에서는 대장내시경 검사도 위내시경 검사와 같이 보험에 가입돼 필수로 검사받으면 암을 조기에 발견할 수 있어 국민 건강에 큰 도움이 되리라 생각된다. 그래야 노후 100세까지도 건강하게 살아갈 수 있을 것이다. 이 제도가 시행된다면 국민 건강이 향상될 것이며 국민건강관리비 절약으로 국가 경제에도 도움이 될 것으로 생각된다.

신앙의 힘

우리 가족이 다니는 성당은 1983년 8월에 수유동 성당에서 분당해 나와 수유1동 화계사 사거리에 교구에서 마련해 준 대지 300평과 분당돼 내보내는 수유동 성당에서 마련해준 땅 76평으로 도합 376평의 대지 위에 성전을 건립해 사용하도록 분리돼 나왔다.

분리해 나오는 새 성당의 신자 수 1,627명에 456세대로 아무것도 없는 빈터에 신자들과 함께 성전을 지으라고 초대신부로 J 신부님이 발령돼 부임하셨다. 새로이 오신 신부님이나 갈라져 나온 신자들은 정말 막막하기만 했다. 아무것도 없는 빈 땅에 어떻게 성전을 지을 것인가 하는 걱정뿐 믿는 것이란 오직 신자들의 기도와 신앙의 힘인 믿음뿐이었다. 믿음만 있으면 어떠한 어려움도 할 수 있으리란 신념으로 신자 모두가 한마음이 되어 성전을 짓는 데 동참했다. 우선 신자들의 가구당 배정된 일정 금액을 납부하기로 하고, 모자란 금액은 바자회를 열어 음식도 판매하고, 성당 모임마다 모금해 성전 신축에 보태기로 하고 준비했다.

처음 겪는 일이라 모두가 내 집 짓는 심정으로 한마음 한뜻이 되어 벽돌 한 장 나르는 심정으로 온 정성을 신축하는 데 쏟았다. 교구에서 마련해 준 대지에 성전을 짓기는 적은 땅이어서 신자들이 대지를 더 구입하는 데도 힘을 합쳐 확보된 대지가 모두 합해 605평이 되어 이 대지 위에 성당 신축기공식을 하기로 계획을 세웠다.

맨손만 가지고 시작하지만, 새로 부임하신 초대신부님의 뜻에 따라 전 신자들이 힘을 합해 오직 믿음과 소망으로 성전을 쌓아 올리기로 했다. 성전 신축을 위해 각 세대당 청약받은 봉헌금액이 399세대가 동참한 4억6천여만 원을 모았다. 세대당 배당된 봉헌금과 세 차례의 바자회를 열어 성전 신축금을 충당했다. 성당 신축금 마련 바자회를 처음 열었을 때는 우리 구역 내에서 살았던 영화배우 안성기 씨가 많은 연예인을 동참시켜 바자회를 열어 성황리에 마칠 수 있도록 많은 힘을 기울였다. 우리 성당은 1987년 3월 8일 기공식을 하고, 2년여 공사 끝에 드디어 1989년 4월 29일 대지면적 605평에 연건평 905평의 대성전을 지하 1층 지상 3층의 규모로 수유1동 본당 신자 3,000여 명의 사랑과 희생으로 총공사비 13억 6천여만 원을 들여 성전이 완공돼 김수환 추기경님의 집전으로 신축 성전 축성식을 성대히 거행했다.

이렇게 소망의 새 성전을 지은 신자들은 오직 믿음 하나로 이 거대한 성전을 완공한 것이다. 맨주먹으로 시작해 준공한 후 초대신부님을 비롯해 아홉 분의 주임신부님이 바뀌어 어언 28년이 지나온 동안 현재 9대 신부로 부임하신 L 신부님이 성당 마당이 좁아 주차할 공간과 성당 야외 행사에 지장이 많아 애로를 느끼고 있던 차, 성당 서편에 60여 평의 5층 건물이 매물로 나와 이 건물을 19억 원에 계약했다고 해서 신자들 모두가 놀라지 않을 수 없었다. 이 비용은 우리 성당 신자들의 각 세대당 300만 원씩 청약할 것을 공지했다.

우리 세대는 이미 나이가 들어 정년퇴직한 지가 오래돼 일정한 수입이 없어 자식들이 주는 용돈을 받아 생활하고 있는 처지로 큰 부담이 될 수밖에 없다. 성당의 위치로 보나 성전을 살리기 위해서는 어느 신부님이 오시더라도 이 장소를 매입해야만 하는 화계사거리로 경전철 역사가 바로 앞에 있기 때문이다. 세대당 할당된 이 청약금을 어떻게 마련해야 할지 걱정이 태산 같았다. 오직 믿는 것은 기도와 용돈 절약밖에는 별도리가 없었다. 짜증만 나는 현실에 주임신부님에 대한 원망과 미워하는 감정이 앞서 내 마음에 상처를 입게 되어 성탄 집중판공성사 때에 고백의 성사를 하기 위해 고해소에 들어갔다.

성사를 주시는 신부님께 과도한 부담금으로 주임신부님을 원망하고 미워해 나 자신이 스트레스가 많이 쌓여 있었기에 성전 보강을 위해 심혈을 기울이시는 주임신부님께 죄를 많이 지어 나의 잘못됨을 고백했다. 고해를 받으신 신부님은 그런 어려운 사정이 있으면 미리 주임신부님을 찾아가 어려움을 이야기하고 할 수 있는 금액을 정해 최선을 다하도록 양해를 구했으면 한다고 조언해 주셨다.

마음에 쌓였던 괴로운 마음을 신부님께 고해하고 나니 한결 마음에 평화와 믿음을 다시 한번 확인했다. 보속을 주신 신부님이 우리 성당에 오실 때 새로 닦은 넓은 주차장에 조경용 소나무를 보니 경관이 아주 아름답다고 했다. 나는 우리 집에 부과된 청약금의 절반은 그동안 저축했던 것을 찾아 일시불로 납부하고, 나머지 반은 매월 10만 원씩 15회로 나누어 작년 성탄절 전에 모두 완납해 마음이 한결 가벼웠다. 드디어 나도 성전을 넓히는 데 동참을 했구나 하는 자부심이 생기기도 했다.

성당에서는 매수한 건물을 헐어내고 평지 작업을 해서 주차장을 넓히니 가려졌던 서쪽의 성당 건물이 살아나고, 화계사 거리의 주변 경관이 화려하고 성당 휴게실에서는 멀리 삼각산 세 봉우리까지 바라볼 수 있어서 경관이 아주 좋았다. 이렇게 어려운 일을 주선하신 주임신부님은 정원수를 구하기 위해 강원도를 비롯해 전북 정읍까지 가시어 직접 보고 조경용 소나무 적송(赤松) 15그루를 구입하시어 성당 서편의 구입한 땅에 조경용으로 심어 놓으셨다. 주민들이 모두 아름답고 주변 경관이 좋다고 한마디씩 거들었다.

수유1동 본당의 성전을 아름답게 꾸미기 위해 직접 고르신 소나무로 환경미화를 하신 L 주임신부님의 노고에 감사의 말씀을 드린다. 주임신부님은 신자들의 교양과 신앙심을 높이기 위해 신심 서적을 추천해 모두가 읽도록 권장하셨다. 그동안 골라서 추천한 서적이 『사람은 무엇으로 사는가』라는 '톨스토이' 단편 작품까지 무려 18권이나 되는 책을 읽음으로써 우리의 마음은 영적으로 풍요로워지고 신앙심과 교양을 쌓을 수 있어서 좋았다.

이번의 공사는 전 신자들이 신앙심으로 똘똘 뭉쳐 힘을 합해 신자 수 863세대에 총 14억 2천여만 원의 청약금을 납부해 주셨기에 아름다운 소나무로 조경해 성전의 마당을 넓히게 된 것이다. 이것은 수유1동 성당 교우 여러분들의 믿음과 소망 사랑을 실천하는 신앙의 힘이 얼마나 강했던가를 보여 주는 것이라고 생각된다. 신자들은 성전이 오래 보전되기를 빌면서 이 아름다운 성전에서 하느님의 사랑과 이웃사랑을 실천하기를 기대하며, 오늘은 우리 집에서 2017년 1월의 구역 첫 모임을 하게 되어 교우들과 대화를 통해 각 가정의 신앙생활을 나누며 서로 격려하는 가운데 모임을 마치게 되어 참으로 기쁘고 즐거운 날이었다.

추억의 총알택시

1960년대에서 1980년대까지 전 세계로 수출되는 수출품의 1호는 경공업의 섬유산업제품으로 주로 스웨터(Sweater), 양말(Socks), 아크릴 원사(Acryl yarn) 등이 가장 많이 수출됐다. 우리나라는 해방 이후 1980년대까지 전국에 통행금지 시간이 있었다. 밤 12시부터 다음 날 새벽 4시까지 4시간 동안이 통행금지 시간이다. 이 시간 중 1년에 성탄절, 석탄절, 연말 딱 3일은 통행금지가 없는 날이다. 오랫동안 시행한 통행금지도 1982년 1월 5일에 전국적으로 해지됐다.

내가 다녔던 무역회사 근무 시에 수출 오더(Order)를 받으면 수출입관계은행에서 신용장(Letter of Credit)을 개설한다. 신용장이 나오면 공장에 작업 지시가 내려가 제품을 생산한다. 바쁘게 작업해 생산을 해도 항상 선적 일자에 쫓기어 전 직원이 수출 포장에 매달려 작업을 한다.

이렇게 하다 보면 통금이 밤 12시부터 이므로 밤 11시 50분에야 퇴근을 한다. 시내버스 막차도 끊긴 상태이다. 할 수 없이 총알택시를 이용해야 한다. 총알택시란 목적지까지 최단 시간에 총알과 같이 빠른 시간에 도착시켜 준다고 해서 총알택시라고 한다. 지금은 없어졌지만 당시의 다니던 회사가 시청 부근 덕수궁 바로 건너편에 있었기 때문에 시청 앞을 중심으로 동서남북으로 달리는 총알택시가 있었다. 즉, 시청 앞에서 동쪽으로는 천호동까지, 서쪽으로는 김포까지, 남쪽으로는 영등포와 구로공단 앞까지, 북쪽으로는 우이동까지 운행했다.

나의 집이 수유동에 있으니 우이동행 총알택시를 합승한다. 그 당시의 총알택시의 요금은 1인당 일만 원씩 받았다. 총알택시를 타면 목숨을 내걸고 타는 것과 같다. 아슬아슬하고 위험하기가 말할 수 없다. 10분 내에 달려야 하기 때문에 고속으로 달리며 차량이 흔들리므로 손잡이를 꼭 붙잡고 마음을 단단히 먹고 승차해야 한다. 가슴 설레는 때가 한두 번이 아니다. 그러나 택시 운전사는 태연하다. 이렇게라도 벌어야 가족들과 같이 생활할 수 있다고 한다.

어느 날은 경찰 순찰차가 뒤에서 계속 따라오고 있었다. 그러나 택시 운전사는 모른 체하며 계속 달린다. 결국은 우리 집 골목에 들어와서야 차를 세웠는데 집 앞까지 따라온 교통경찰은 신호위반에 속도위반으로 스티커를 발행해야 하니 면허증 제시를 요구했다. 택시 운전사는 그때서야 위반 사실을 인정하고 죄송하다며 사정을 했다. 골목 끝까지 따라와 공무집행을 하는 경찰관이나 스티커를 받지 않으려고 모른 체하며 골목으로 들어온 택시 운전사와의 경쟁과 끈기가 대단했다.

무역회사 직원들은 수출품 선적이 완료될 때까지 야근하기도 하고 통금이 임박해서 총알택시를 타고 귀가하는 날이 한두 번이 아니다. 수출품은 선적용 포장을 완료해 포장명세서(Packing List)를 선적회사로부터 선적 확인을 받아와야 은행에서 수출대금이 입금(Negotiable)된다.

외국인을 상대로 수출을 하려면 상품 샘플(Sample)을 들고 외국으로 직접 나가 세일을 하고 신용장을 받아와야 안심하고 공장에 생산지

시를 해서 부산항에 선적해야 수출 완료가 된다. 무역회사 직원들의 노고는 말할 수 없이 고달프다. 유능한 세일즈맨(Salesman)들이 외국인을 상대로 현지 나라에 견본을 들고 출장을 가서 주문을 받아 온다. 어느 유능한 사원은 아프리카 열대지방에 가서 원주민을 상대로 양말 견본을 보여 주고 많은 양의 주문을 받아 와 작업해서 수출하고, 그해 수출의 날에 대통령상을 수상한 바 있어 유명한 세일즈맨이 되기도 했다.

우리 세대에서는 각국을 누비며 열심히 외화를 벌어들였기 때문에 전국에 고속도로가 건설됐고, 서울을 비롯해 전국의 중요도시에는 지하철이 개통돼 운행 중이다. 이중 서울의 지하철은 1호선에서 9호선까지 건설돼 운행 중이며 특히 9호선은 급행까지 운행 중이다. 무역회사원들은 겉으로 보기에 흰 셔츠에 넥타이 매고 다녀 하이칼라 사원으로 보이지만, 외화 벌어들여 오기까지의 노고란 이루 말할 수 없는 고된 작업이다. 30여 년 전 회사 다닐 때의 고생으로 오늘날의 서울의 발전된 모습과 각지의 고층빌딩과 아파트가 건축돼 우리나라가 고속 성장해 선진국 대열에 들어서 있다.

그 당시의 통금이 있을 때 야근 후의 총알택시를 탔던 생각이 가끔 떠오르며 통금이 없는 지금은 동서남북으로 달리던 총알택시 대신 지하철이 9호선까지 뻗어 있어 자유로이 이용할 수 있어 그 편리함은 이루 말할 수 없다. 옛 추억이 새로워 지금 그 당시의 추억의 총알택시가 있어 타라고 한다면 이제는 겁이 나서 타지 못할 것 같다.

어둠에서 생명의 빛으로

군에서 전역할 무렵 서울 시내 모 회사의 사원 모집에 응모했다. 그해 여름 더위가 맹위를 떨치는 7월 31일 자로 전역하고 고향인 시골로 내려왔다. 전역 후 시골에 내려와 있는 동안 3개월이 지나서야 응모한 회사의 합격통지서를 받았다. 일주일 내에 서류를 준비해 회사에 등록하라는 것이었다. 통지서를 받고서 짐을 챙겨 서울로 올라와 본사 가까운 곳에 숙소를 정하고 소집 일자에 맞추어 첫 출근을 했다.

학교에서 배운 전공을 살려 실험실에 배치돼 근무하게 됐다. 선임사원과 인사를 나누고 근무요령을 익힌 후 내 자리를 알려 줘 근무를 했다. 처음에 하숙집을 소개받아 하숙을 하다가 하숙비가 급여에 비해 너무 지출이 많아 자취하기로 하고, 생활 도구를 구입해 자취방을 구한 다음 본격적인 자취 생활을 시작하면서 회사 생활에 잘 적응해 가며 성실히 근무했다.

입사한 지 1년이 넘어 회사 생활에 익숙해져 갈 때 어느 추운 겨울날 아마도 1월이었던 것 같다. 밖의 날씨는 잿빛 날씨에 싸락눈이 날리는 영하의 싸늘한 날씨였다. 회사에 출근해 실험실에서 어제 마치지 못한 실험을 계속하기 위해 실험도구와 알코올램프를 챙겼다. 실험 품목은 감광지(感光紙) 즉 필름(Film) 및 인화지(印畵紙)를 만드는 원료인 질산은(AgNO3)을 만들기 위한 실험으로 비커에 순은(Ag)과 질산(HNO3)을 알코올램프로 끓이는 실험이었다. 한참 후에 끓이는 과정을 살피기 위해 위에서 내려다보는 순간 펑 하고 터지는 소리가 들렸다. 나의 눈 위로 뭐가 튀는 것 같은 찰나에 나는 쓰러지고 말았다.

의식을 차리고 나니 눈을 뜰 수가 없었고 119구급차에 실려 안과병원에 입원됐다. 나의 암울한 시간은 이때부터 시작됐다. 안과병원 부원장인 이 박사가 진료했는데 부원장 말씀이 들렸다. "참으로 다행입니다. 얼굴로 튄 약물이 눈동자에는 들어가지 않아 천만다행입니다"라고 했다. 신은 인간을 만들 때 인간이 응급조치를 할 수 있도록 만든 것이 참으로 신기하다. 약품이 얼굴로 튀는 순간 눈꺼풀이 자동으로 감기게 되어 눈동자 안으로는 약물이 들어가지 않고 눈꺼풀 주위로만 튀어 화상을 입었을 뿐 눈동자는 보호됐다는 것이다. 신에게 감사할 따름이다. 신은 인간을 보호해 주고 있다는 것을 느꼈다.

나는 눈과 얼굴에 약물 화상을 입었기에 얼굴 전체를 붕대로 싸매고 있었다. 이때부터 우울한 시간을 보내면서 귀로는 모든 것을 듣고 있으나 앞을 보지 못하고 있으니 얼마나 답답한 시간을 보내고 있는지 죽을 지경이었다. 혼자서 자취를 하고 있는 몸으로 보호해 줄 사람이 없었고 시골에 계신 연로하신 부모님께 연락할 수도 없는 형편이었다. 이러한 사정을 알게 된 회사에서는 동료직원 한 사람을 보호자로 정해 병원으로 출근케 해 돌볼 수 있도록 조치를 취해 줬다. 얼굴 전체를 붕대로 감았기에 화장실 출입도 못 하는 처지로 동료직원의 노고가 많았다. 매일같이 부원장이신 이 박사가 성심성의껏 진료해 주신 덕으로 차츰 상처가 아물어져 가고 있었다. 이렇게 생활하기를 3개월간 붕대를 감고 암울한 병상을 지키고 있었다. 보호자인 동료직원은 그 날의 일상의 뉴스를 일일이 들려주며 말벗이 되어 주었기에 외롭지 않았다. 각별한 노고를 지금도 항상 잊지 않고 감사의 마음을 간직하고 있다. 병원 부원장은 말할 것도 없고 세명의 간호사 역시 번갈아 가면서 헌신적인 간호와 치료로 상처는 점점 나아가고 있었다.

어느덧 계절이 바뀌는 시간이 돌아오는 것 같았다. 훈훈한 바람이 불어오고 따뜻함을 느낄 때 부원장께서 "오늘은 붕대를 풀어 보자"는 반가운 말씀을 하셨다. 붕대를 푸는 순간 잔뜩 긴장을 하고 있었다. 혹시나 눈을 뜰 수 없는 시각장애인이 되지 않을까 하며 매우 걱정하고 있을 때였다. 붕대를 모두 풀고 나서 부원장께서 "눈을 떠 보세요" 하는 소리에 놀라 눈을 살며시 떠보았다. 눈꺼풀이 아프긴 하나 드디어 눈앞에 선명한 물체가 보여 기쁨의 눈물을 흘렸다. 시각장애인은 되지 않았구나 하며 안도의 숨을 내쉬며 부원장께 감사드리고 여러 간호사 여러분께도 수고해 주신 덕에 앞을 보게 됐다고 감사의 인사를 했다. 이 순간이 얼마나 감격스럽고 기뻤는지 모른다.

1월의 추운 날씨에 입원해 만 3개월간 어두운 병상 생활을 겪고 4월 초의 창밖의 가로수의 파란 잎을 보고 봄이 왔음을 느꼈다. 퇴원한 후에는 매일 집에서 통원 치료를 했다. 회사에 복귀해 근무를 다시 하면서 지난 일을 생각하며 하느님이 보호해 주신 덕에 무사히 생활하게 됐음을 감사드리면서 근무했다. 퇴원 후 근무한 지 얼마 되지 않아 회사는 경영부실로 위기에 처해 회사 유지가 어려운 지경에 이르렀다. 같이 근무하던 동료직원 모두가 새 직장을 찾기 위해 뿔뿔이 흩어졌다.

입원 시에 나를 보호해 줬던 동료직원도 부도로 헤어진 후 고마웠다는 인사도 제대로 못 한 채 연락이 안 돼 만나 보고 싶은 생각이 간절하다. 연락돼 만난다면 동료의 우정을 다시 나눴으면 하는 기대를 가지고 있다. 세월이 많이 흘러 회사의 부도로 감광재료(感光材料) 회사는 국내에서 모두 사라지고 우리나라의 감광재료는 현재 수입에만 의존해 사용하고 있다. 퇴원 후 병원 간호사와 나를 보호해 준 보호자를 감사의 저녁을 당시 반도호텔 스카이라운지 식당에서 대접하고 입원 당시 일화를 나눈 바 있었다. 20대에 이런 사고를 겪고 당시 간호해 줬던 간호사들도 이제는 손주가 몇 명씩 딸린 할머니가 됐을 것이다.

입원 치료를 받는 동안 얼굴에 붕대를 칭칭 감고 3개월간 답답하고 암울한 생활을 했던 지난 수십 년 전의 일이 오늘날 새삼 떠오르며 성심성의껏 치료해 준 부원장이신 이 박사와 세명의 간호사와 보호자였던 동료직원 모두의 덕분과 신의 가호(加護)가 있었기에 장애인이 되지 않고 정상인으로 다시 일어설 수 있었다. 말짱한 얼굴로 생활할 수 있게 됐음을 참으로 다행이었음을 오늘도 절실히 느끼며 남은 인생은 세상의 혼돈과 어둡고 어려운 환경에 있는 이웃에게 생명의 빛을 찾아 사랑의 생활을 할 수 있도록 열심히 노력하며 살고자 한다.

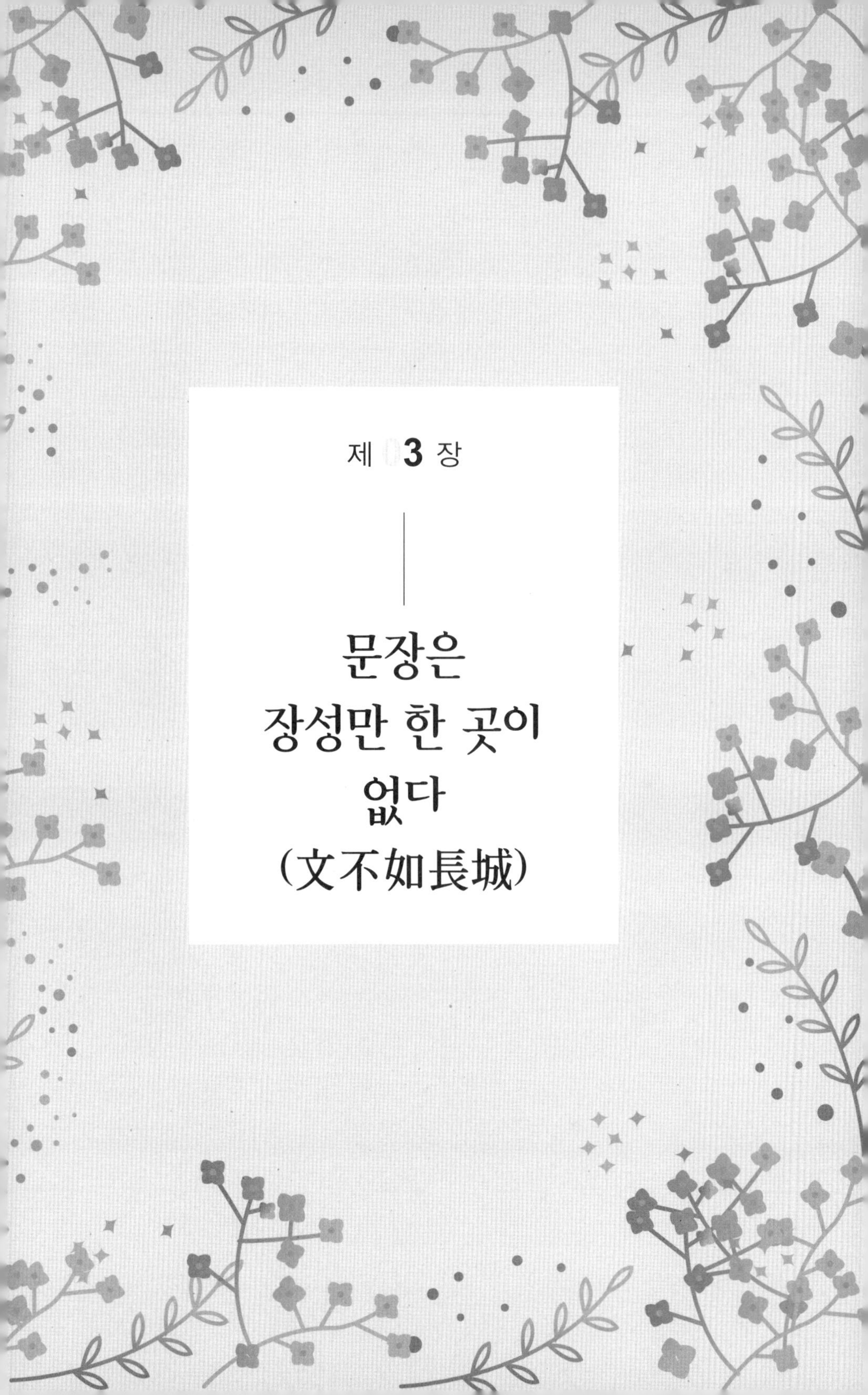

제 3 장

문장은 장성만 한 곳이 없다 (文不如長城)

나의 인생의 역경과 행복

나의 인생의 목표는 정직하게 최선을 다해 나의 책임을 완수하고 내 삶 안에서 사고나 가치를 비판해 진리의 길로 천천히 여유 있게 살아가는 것이다. 이제까지 내 인생을 되돌아보면 어려운 역경을 이겨내고 다시 일어설 수 있었던 것은 자비로우신 신의 도우심과 이웃의 배려와 가족의 격려 덕분이었다. 현실은 물질문명에서 개인주의 발달로 나만을 위하고, 내 가족만을 위할 줄 아는 사태가 되어 남을 배려하는 마음이 없고, 자기 욕심만을 채우고 자기만을 위할 줄 아는 시대로 이기주의가 늘어났다. 남을 돌보려는 마음이 없고 자기만을 위하는 사회가 되어 인정이 메말라 가고 배려의 마음이 없이는 세상이 밝고 축복받는 사회가 될 수는 없는 것이다.

인도의 성자 '바바하리다스'는 산다는 것과 죽는다는 것 중 배려한다는 것은 앞을 볼 수 없는 시각장애인이 물동이를 머리에 이고 손에는 등불을 들고 우물가에서 돌아오고 있을 때 그와 마주친 마을 사람들이 "정말 어리석은 사람이군! 자신은 앞을 보지도 못하면서 등은 왜 들고 다니지?" 하고 비웃자 앞을 못 보는 시각장애인이 대답했다. "당신이 나와 부딪치지 않게 하기 위해서입니다"라고 대답하는 그의 마음과 같이 자기보다는 남을 배려하기 위해 스스로 방지책을 마련한 것이다.

나는 직장에 근무한 지 1년이 조금 지나서 출근해 점검하고 원료를 만들기 위한 화학실험을 하다 비커에 황산(H2SO4)과 순은(Ag)을 넣고 끓이던 중 끓는 사항을 위에서 비커를 관찰하는 순간 시약인 황산이 들은 비커가 폭발해 얼굴로 튀어 시약이 눈으로 들어가 그 자리에서 기절하고 쓰러졌다. 깨어나 보니 119구급차에 실려 시내 안과병원에 입원해 있었다.

내 개인 형편으로는 혼자 자취하고 있어 간호할 사람도 없는 난처한 사항이었다. 그렇다고 시골에 계시는 연로하신 부모님께 사고 났으니 올라오시라고 연락할 수도 없는 형편이었다. 이러한 나의 사정을 알고 회사의 배려로 같이 근무하던 동료 한 사람을 간병인으로 지정해 공상인 관계로 나의 입원 병실로 출근케 해 나를 간호해 주도록 조치를 취해 줬다. 무려 3개월의 입원 기간이었다. 나는 두 눈을 붕대로 감은 채 앞을 못 보는 신세로 화장실도 다닐 수 없는 처지였다. 동료직원의 간병으로 이 어려운 상황을 아무 걱정 없이 해결하고 이겨낼 수 있었다. 지금은 간병해 준 동료직원과 연락이 두절돼 제대로 고마웠고 감사했다는 인사 한마디 못 한 것이 지금까지도 죄송스럽고 안타까운 심정이다. 지금이라도 연락돼 만난다면 그 고마운 마음을 전하고 싶으나 어디에 살고 있는지 찾을 길이 없어 마음이 더 아프다.

병원에서는 부원장이신 이 박사께서 성심성의껏 진료해 준 덕택으로 차츰 차도가 있어 3개월의 입원 치료 끝에 눈의 붕대를 푸는 순간이 돌아왔다. 부원장께서 붕대를 풀 때 나는 붕대 푸는 순간을 하나하나 세고 있었다. 긴장감을 풀고 있었는지도 모른다. "눈을 떠 보세요" 하는 소리에 눈을 떠 보는 순간 새로운 밝은 세상이 보였다. 얼마나 기쁜

지 부원장이신 이 박사님을 붙들고 감사하다는 인사를 몇 번을 했는지 알 수 없었다. 시각장애인이 되지 않을까 내심 걱정을 많이 했는데 밝은 세상의 빛을 볼 수 있게 되어 정말로 감사했다. 입원 당시는 1월의 추운 겨울 날씨였는데 퇴원 시는 창밖의 가로수에 파란 새싹이 돋아난 4월 초가 되어 흘러간 3개월의 세월 동안 죽었다가 다시 생명을 얻은 느낌이었다.

퇴원 후 시력도 정상으로 돌아와 건강이 회복돼 회사에 정상 근무를 하게 됐다. 열심히 근무해 모범 사원이 되기도 했다. 근무하는 동안 연로하신 시골의 부모님은 결혼 못 한 막내아들이 심히 걱정돼 배우자를 찾던 중 중매로 지금의 아내를 만나 삼 남매를 낳아 기르고 가르쳐 훌륭히 성장시켰다. 나는 자식을 키우면서 가장으로서 어떠한 어려움이 닥쳐와도 최선을 다해 견디고 이겨내면 앞으로의 희망이 있으니 앞을 내다보면서 인내하면 행복한 날이 꼭 온다고 일러 주었다. 이 말을 들은 아이들은 부모의 뜻에 따라 어떠한 어려움도 잘 견디어 내고 사회에 조금이라도 도움이 되도록 노력하는 모습을 보였다.

첫 번째 직장에서 나는 어려운 고비를 견디고 이겨 냈다. 그러던 회사가 경영 잘못으로 부도가 나서 모든 사원이 다른 직장을 구하기 위해 뿔뿔이 모두 흩어졌다. 나 역시 두 번째의 직장으로 1970~1980년대에 우리나라 수출 붐을 타고 일어난 섬유업계의 호황으로 섬유 수출을 하는 회사에 들어가게 됐다. 스웨터 수출을 하는 회사로 세계 각국에서 주문이 쏟아졌다. 오더를 받은 회사는 제품을 가공해 수출하는데 선적기일을 맞추는데 매일같이 야근해도 기일 맞추기에 항상 쫓기는 형편이었다. 그 당시 섬유는 경공업 제품으로 호황이었다.

매일같이 야근에 쫓기면서도 자녀들을 가르쳐야겠다는 일념으로 열심히 근무해 삼 남매 모두 대학까지 졸업하게 되어 참으로 다행스러운 일이었다. 두 딸은 대학을 마치자마자 직장에 순조롭게 취직돼 근무하게 됐고, 아들은 재학시절 ROTC 군사훈련을 받고 졸업과 동시에 학사장교로 임관돼 군 입대를 했다. 자식을 키우고 사는 동안 가정에서는 아내와 사소한 일로 다툼도 많았지만, 아내는 당신은 자아 정체감이 있어 존경스럽고 훌륭하다고 말하나 잘한 것이 없는 나 자신은 마음이 머쓱해져서 "그렇지 못해요"라고 말하면 무엇을 의미하는지 모를 환한 웃음을 보인다.

우리 살던 집이 오래돼 새로이 3층의 주택으로 신축을 했다. 옥상에는 각종 화초를 심어 조그만 나만의 정원을 만들었다. 이른 봄에 씨를 뿌려 새싹이 나오면 이를 파종해 아름다운 꽃을 예쁘게 피워 나비와 벌이 날아와 기쁨을 누리고 있다. 이 광경을 보는 나는 더없는 자연현상에 더욱이 즐거움을 만끽한다. 예쁘게 자란 꽃들을 가꾸어 자라는 모습을 보고 물을 주며 키우는 재미가 인생살이와 비슷함을 느끼면서 자연을 배우며 인생의 진리를 깨닫기도 한다.

나는 여기서 나 자신이 잘못한 것이나 잘못된 버릇 등을 많이 반성하고 고쳐 나가려고 노력한다. 그러나 오랜 습관에 찌들은 습관이 쉽게 고쳐지지 않고 있다. 그래서 나는 아내와 자주 의견 대립으로 자주 다툰다. 이런 상항에서 아내의 자긍심을 잃지 않도록 주의하며 약속을 하고 반성하지만 뜻대로 잘 안된다. 오랜 습관이 밴 탓이라고 느낀다. 이것들이 나의 인생살이의 한 과정이며 앞으로 더 잘 살기 위해 힘찬 전진을 하는 것이다. 나는 자주 옥상의 정원에서 화려한 꽃들의 향연을 보고 뒤편 산꼭대기에 우뚝 솟은 삼각산의 백운대와 인수봉과 만경대를 바라보며 내 인생의 역경들을 차례로 되새겨보며 앞으로의 남은 삶을 향해 사회에 조금이나마 이웃에 배려하고 남을 도울 줄 아는 행동을 할 것을 다짐하면서 지난날의 역경을 이겨내고 일어서 오늘날 글을 쓰고 웃을 수 있어 행복감을 느끼기도 한다.

우리나라 통용화폐의 이야기

우리나라의 현재 통용하는 화폐는 크게 지폐와 주화 두 종류로 나뉘어 사용하고 있다. 화폐란 상품의 교환가치를 나타내고, 지불의 수단과 가치의 척도 및 저장과 축적의 수단이 되는 금화, 은화, 주화, 지폐, 은행권 따위의 돈을 말한다. 화폐는 역사의 흐름이라고 말할 수 있다. 주화는 현대문명의 이기라고 할 수 있는 자동판매기 등 간편히 쓰이는 곳에 주로 사용하고, 지폐는 일상생활을 하는 데 유통 수단으로 쓰이고 있다.

근래 화폐의 도안을 살펴보면 1966년에 최초의 동전으로 일 원권이 발행돼 나라꽃인 무궁화를 도안하여 유통됐으나 거의 사용치 않고 화폐의 기본 단위로만 유지하고 있다. 1970년에 충무공 이순신 장군을 도안한 일백 원권과 1972년에 거북선을 도안한 오 원권, 다보탑을 도안한 십 원권, 풍년을 상징한 벼 이삭을 도안한 오십 원권이 발행돼 사용하고 있다. 1982년에 주화 중 최고 금액으로 학이 도안된 오백 원권이 발행돼 현재 여섯 종류의 주화가 유통되고 있다.

지폐는 1970년대에 퇴계 이황을 도안한 일천 원권, 고액권으로 발행된 오천 원권에는 율곡 이이의 초상을 도안했으며, 1973년 6월에는 세종대왕의 초상을 넣은 일만 원권이 발행됐다. 액면이 고액권으로 높아지면서 품질 면에서도 은화와 금속선이 삽입되고 자외선 감지 요소가

인쇄돼 위조 방지 등 첨단기법이 사용됐다.

고액권 화폐의 수요증가로 급속한 경제개발에 따른 거래 규모의 확대와 물가 상승에 따라 한국은행은 2009년 6월에 최초로 고액권인 오만 원권을 발행했다. 최고액권인 만큼 도안을 누구로 할 것인가를 고심 끝에 인품을 갖춘 현모양처로서 자식을 철저히 훈육해 나라의 재상으로 등극시킨 여성의 표상이기 때문에 신사임당의 초상을 도안으로 선택했을 것이라고 생각했다.

임금이나 대통령도 어머니의 모성애로 사랑을 받고 자랐기에 나라를 책임지고 백성을 다스릴 수 있다고 본다. 세계 각국 화폐의 도안은 대부분 정치적인 영향을 받아 그 나라를 통치하는 통치권자나 왕들의 초상을 도안해 사용했다. 우리나라도 1950년 8월에 일백 원권과 일천 원권에 초대 이승만 대통령의 초상을 도안해 발행된 것이 대한민국 '제1차 긴급통화조치'로 1960년 4 · 19 혁명 때까지 사용했다. 그 후로는 조선시대의 훌륭한 정승이나 우리나라 문화재를 도안으로 사용했다.

그동안 발행된 화폐 중 특이하게 발행된 것은 1962년 5월에 모자상을 도안한 일백 환권 지폐인데 얼마 유통되지 못하고 슬그머니 사라진 것이 아쉬움으로 남았다. 현재 유통되고 있는 종류별 화폐의 액면 금액 전부를 합하면 66,666원이 된다. 이 금액은 지폐와 주화로 발행된 총금액으로 우리의 경제를 움직이고 있는 화폐에 표시된 금액이다.

오백 원권 지폐에 관해 유명한 일화가 있다. 1971년에 영국의 B 은행은 중요한 결정을 했다. 국민소득이 2,643달러밖에 안 되는 가난한 나라의 사업가에게 조선소(造船所) 건립에 필요한 차관을 내주기로 한

결정이었다. 이 은행의 이런 결정은 우리나라 대기업인 H 그룹 총수인 C 회장의 외교 수완으로 이루어졌다.

차관 제공에 난색을 표한 은행 관계자에게 C 회장은 주머니에서 우리나라 화폐인 오백 원권 지폐를 꺼내 보이며 “이 지폐에 그려진 거북선을 보시오!” 하면서 “한국은 영국보다 300년이나 앞서 철갑선을 만든 나라입니다”라고 그들을 설득해 차관을 받아 H 조선소를 건립해 우리나라가 세계 1위 조선국(造船國)으로 올라설 수 있었던 시발점이 됐다. 이 얼마나 훌륭하고 멋진 이야기인가. 이 오백 원권 지폐는 1982년에 학을 도안한 주화로 발행돼 지폐는 사용하지 않고 있다.

1953년 2월에는 ‘제2차 긴급통화조치로’ ‘원’ 단위를 ‘환’ 단위로 바꾸어 6 · 25 한국전쟁의 종전을 앞두고 국가의 재정금융 및 산업 활동을 안정된 토대 위에 올려놓았다. ‘원’과 ‘환’의 단위의 비율은 100:1로 화폐를 교환했다. 그 후 1962년 6월에 정부는 국가경제개발 5개년 계획의 투자자원을 동원하기 위해 은닉 저축한 자금을 발굴해 산업 자금화하고 악성 인플레이션을 방지하기 위해 ‘제3차 긴급통화조치’를 단행해 화폐단위를 ‘환’ 단위에서 ‘원’ 단위로 다시 바꿨다. 현재 사용하는 ‘원’ 단위 화폐는 그 당시 화폐개혁 이후 지금까지 사용하고 있다.

한국은 주화 발행 기술이 발달해 조폐공사에서는 외국의 주화를 주문 제작해 수출하고, 우리나라의 특별한 행사시에는 기념주화를 발행했다. 그중 대표적인 것이 1988년 제24회 세계올림픽기념 주화를 발행해 큰 호응을 받았으며, 2014년 8월에는 가톨릭 프란치스코 교황 방한 기념주화를 제작 발행해 수집가들이 구하려고 몰려들기도 했다.

나는 화폐 개혁 시마다 새로 발행된 지폐나 주화를 수집해 보관하고 세월이 지난 후 화폐를 보면서 지난날의 역사를 더듬어 보면서 추억에 잠겨 본다. 금융가에 따르면 고액권인 오만 만 원권이 발행됨으로써 지난 5년간 자기 앞 수표발행 감소에 따른 비용이 4천억 원 가까이 절약됐다고 추산한다.

우리나라가 사용하고 있는 이 화폐들이 잘 유통됨으로써 경제가 활성화돼 더욱더 부강한 국가로 발전될 것이다. 앞으로 우리의 삶의 목적이 더 이상의 부의 축적만이 아니고, 이웃을 위해 국내뿐 아니라 전 세계의 어려운 국가들을 도울 수 있는 군센 의지의 힘을 가진 나라가 되도록 모든 국민이 노력해야 할 것이다.

신해양(新海洋)의 팔불여(八不如)

우리나라는 삼면이 바다로 둘러싸여 있어 해양 발전이 유망한 나라이다. 바다를 지배하는 자가 세계를 지배한다는 말이 있듯이 우리나라는 이와 같이 해양국가이기 때문에 바다를 잘 연구하면 유망한 나라가 될 수 있다.

블랙 골드(Black Gold)를 얻기 위해 유럽은 인도 항로를 개척했다. 17세기 이후 세계역사의 주도권과 부(富)는 유럽의 목이 됐다. 당시 조선에서는 흥선대원군이 세도정치 척결, 빈민구호기관인 사창제(社倉制) 도입 등 국가재건이 한창이었다.

대원군이 호남지방을 방문해 민가, 여인들 풍부한 쌀과 돈 세금, 기름진 땅, 훈훈한 인심, 학문이 뛰어난 지역을 돌아보고 '팔불여(八不如)'란 말을 남겼던 것처럼 해양수산부에서는 이와 같이 우리나라 8대 지역의 생산품과 유명 지역을 연계해 신해양팔불여(新海洋八不如)를 지정했다.

건강에 좋은 것으로는 완도의 전복이 있고, 아름다운 항구로는 부산이 있으며, 친환경 새우로 유명한 곳은 태안이다. 해양생물의 터전으로 습지가 많은 순천을 뽑을 수 있으며, 맛 좋은 소금은 신안이며, 미네랄이 풍부한 해양 심층수로는 고성이 으뜸이고, 나라를 지키는 등대는 인천의 등대이고, 최고 품질의 조선소는 울산이며, 미래 해양 강국을 이끌고 갈 보물이 있는 지역을 차례로 살펴보고자 한다.

건강에 좋은 전복은 완도만 한 곳이 없다는 전복불여완도(全鰒不如莞島)라고 했다. 바다의 산삼으로 불리며, 패류의 황제라 불리는 전복은 다시마, 미역 등 해조류를 먹이로 하고 글루탐산, 글리신 함유량이 높아 최고의 스태미나 식품으로 꼽힌다. 완도는 담수 영향이 적고 수온이 적합해 전복의 먹이인 다시마, 미역을 양식하는 곳이 많아서 전국 생산량의 70~80% 전복을 양식하고 있다.

아름다운 항구는 부산만 한 곳이 없다는 미항불여부산(美港不如釜山)이라 했다. 부산항은 산과 섬으로 둘러싸여 잔잔한 수면, 조수간만의 차가 1.3m로 적은 편이며, 세계 3대건설항로에 접한 천혜의 항만 여건을 갖추고 있는 곳이다. 1876년 개항 이래 4개의 항에 6개 컨테이너터미널과 국제여객터미널을 갖춘 현대식 항만으로 발전했다. 현재 146척의 선박이 동시에 접안할 수 있으며, 연간 2억9천2백2십만 톤을 처리할 수 있는 하역 능력을 갖춘 동북아 물류 중심 항만으로 자리 잡고 있다. 해양수산부는 부산항 북항 자성대부두 일대를 재개발해 글로벌 해양관광도시로 탈바꿈하는 부산항시티 개발계획을 추진한다고 한다.

친환경 새우 양식은 태안만 한 곳이 없다고 해로불여태안(海老不如泰安)이라 했다. 겉모습이 허리를 구부린 노인과 같다 해서 해로(海老)라는 별명으로 불리는 새우 겉모습과 달리 본초강목에서는 혼자 여행

할 때는 새우를 먹지 말라는 대목이 나올 정도로 양기를 북돋워 주는 강장식품으로 손꼽힌다.

다양한 해양생물이 사는 습지는 순천만 한 곳이 없다는 습지불여순천(濕地不如順天)은 오염물질 정화, 이산화탄소 흡수 등 지구의 허파로 평가되는 습지는 과거 간척과 매립의 대상으로 여겨져 오다가 다양한 생물의 터전 등 생태학적 중요성이 다시 인식돼며 갯벌 복원사업 등 보전 중심의 정책이 추진되는 곳이다.

맛 좋은 소금은 신안만 한 곳이 없다는 뜻으로 미염불여신안(味鹽不如新安)이라 했다. 햇살이 빚은 생명의 꽃이라 불리는 천일염의 생산지이다. 신안 갯벌 천일염은 육지로부터 50㎞ 떨어진 염전에서 자연 태양광을 이용해 생산된다. 생명체 존재에 필요한 무기질 천연 미네랄이 특히 풍부해 세계적인 품질인 프랑스 게랑드 소금과 비교되며, 2013년 국립수산물품질관리원에서 실시한 전국 염전의 중금속 및 방사선 일제 조사에서 안전성이 확인돼 안심하고 사용할 수 있다는 판정을 받았다.

미네랄이 풍부한 심층수는 고성만 한 곳이 없다는 것을 심층수불여고성(深層水不如高城)이라 했다. 바닷속 200m 이하에서 뽑아 올린 청정수인 해양 심층수는 섭씨 2도 이하의 수온과 70여 종의 천연 미네랄을 포함, 유기물과 병원균이 거의 없는 청정 수자원인데 특히 우리나라 동해 해양 심층수는 동해 해수 전체의 95%를 차지해 고갈 염려가 없는 자원으로 평가된다.

나라를 지키는 등대는 인천만 한 곳이 없다는 등대불여인천(燈臺不如仁川)이라 했다. 서해 뱃사람에게 "행주참을 댄다"는 말이 전해진다. 민물 때 역류하는 바닷물을 타고 서해에서 행주로 거슬러 올라가고 썰물 때 행주에서 반대로 나가는 배의 운항 방법을 말하는데 이렇듯 인천은 서울에서 이르는 입구 역할을 했다. 19세기 말 일본과 서구 열강들은 자국 선박이 안전을 위해 항만에 등대 설치를 요구하는 목소리가 거세졌는데, 이에 독립 국가를 표방한 대한제국 시절 우리의 힘으로 세운 최초 근대식 등대가 팔미도에 세워진 것이다. 1903년 6월에 불을 밝히게 되어 오늘날까지 등대를 포함한 항로표지 5,247기가 세워지게 됐다.

좋은 배를 만드는 곳은 울산만 한 곳이 없다고 하는 조선불여울산(造船不如蔚山)이라 했다. 故 정주영 현대 회장이 울산 동구 미포만 모래사장에서 사진 5만 분의 1 지도를 영국 스코트리스고우 조선소에서 빌린 26만 톤급 유조선 도면 한 장을 들고 세계를 누비며 첫 유조선 두 척을 수주한 것은 우리나라 경제 신화를 대표하는 이야기로 널리 알려졌다. 세계 1위 조선 · 해양 생산도시인 울산은 50년 공업도시 역사를 통해 숙련된 인적 자원이 풍부하고 자동차, 석유화학 산업이 발달된 우리나라 최고의 산업클러스트를 형성하고 있는 장점이 있다. 최근 세계 경제 불황에 따라 조선 · 해양 플랜트 산업이 고전을 면치 못하고 있으나, 한국경제를 이끈 효자산업이 국민들에게 세계 1위라는 자긍심을 심어 준 조선 · 해양 산업의 부흥을 기대해봄 직하다.

이상과 같이 조선 말기 흥선대원군이 호남지방을 유람하면서 이름난 지방에 팔불여를 붙여 이야기한 것과 같이 해양수산부에서는 우리나라 해양 8가지 좋은 것을 선정해 바다와 관련된 대한민국의 해양 팔불여 지역을 국민들에게 소개해 대 해양강국임을 강화시킴으로 '신해양 팔불여'를 지정했으므로 우리나라 해양산업의 발전을 위해 많이 이용해주시길 바라는 마음이다.

에너지 소비하는 '무빙워크'

우리나라 수도인 서울시는 인구 팽창으로 시내의 교통은 시민의 발을 대신하는 시내버스로는 한계점이 도달해 도저히 감당해 내기 어려운 상태이다. 1975년 8월에 지하철 1호선이 서울역에서 청량리역까지 개통돼 운행되고 현재는 9호선까지 개통해 지하철 도로망이 연결돼 많은 시민들의 발걸음을 대신해 주고 있다. 서울에 지하철도가 건설되지 않았으면 서울시민의 교통 수송량을 무엇으로 대체했을까 생각만 해도 아찔하기만 하다.

지상의 버스로만 운행하기란 너무도 벅찬 일이었다. 이렇게 생각해 구상한 것이 서울의 지하철도 건설을 시작한 것이 9호선까지 건설해 서울시민의 발이 되어 열심히 대신하고 있다. 1호선에서 9호선까지 만들어진 많은 역사(驛舍)에는 엘리베이터와 에스컬레이터가 모두 설치돼 있어 많은 계단을 오르내리기 불편한 노약자와 장애인들을 위해 큰 도움을 주고 있다. 여기에다 한 가지 더 설치된 것은 역사를 통과하는 승객들의 빠른 수송을 위해 만들어졌다는 '무빙워크'(Moving-Walk) 시설이 설치돼 운행 중이다. 이 시설을 타고 평지인 보도로 걸어가는 시설로 길이가 50m 정도에서 어느 것은 100m 되는 거리의 상당히 긴 것도 있다.

이 시설은 각 노선마다 환승역에 대부분 설치돼 가동하고 있는데 노인이나 이동용 큰 가방을 끌고 가는 데 불편을 덜어 주기 위해 만든 시설 같으나, 이동용가방에는 모두 바퀴가 달려 있기 때문에 끌고 가는 데 지장이 없다. 그렇기 때문에 '무빙워크'를 움직여 많은 전력을 소모하면서까지 사용할 필요성이 없다고 생각된다.

나 자신도 '무빙워크'를 이용해 보았다. 이 시설은 전기에 의해 가동되는 것으로 이 시설 위에 서 있는 사람들이 대부분 걸어서 간다. 이 시설을 타고 걷는 것보다는 시설 밖의 보도를 이용해 걷는 것이 더 빠르고 편리하다는 것을 느꼈다. 무더운 여름철과 혹한기의 겨울철에는 매년 전기의 사용량이 발전량의 한계치에 도달해 각 가정에 사용치 않는 전원 스위치를 모두 뽑고 한 등 끄기 절전 운동에 동참하라고 정부에서는 호소한다. 그러나 지하철 역사의 보도(步道)에 설치된 '무빙워크'를 사용치 않는 것이 훨씬 더 절전 효과가 있다고 본다.

환승역 등에 설치된 이 '무빙워크'는 승객이 한 사람도 타고 있지 않을 때도 계속 움직이고 있어 아까운 전력만 소비되고 있는 곳을 보고, 안타까운 마음이 앞섰다. 전철을 이용하는 출퇴근 시간대에는 많은 승객이 몰려 붐비지만 러시아워 시간 이후에는 이용객이 그렇게 붐비지 않는다. 승객이 적은 시간대에는 다만 몇 시간만이라도 가동을 정지하면 많은 절전 효과가 있을 것으로 본다. 이 시설의 가동을 줄인다면 각 가정의 한 등 끄기 절전 운동보다 훨씬 많은 절전 효과가 있으리라고 생각된다.

나는 직접 '무빙워크'가 가동되고 있는 역 몇 군데를 답사해 보았다.

5호선 김포공항역에서 공항 출입문 앞까지 설치돼 운행 중이고, 4호선 회현역에서 신세계백화점으로 들어가는 곳에, 4호선 동작역에서 9호선 승강장으로 가는 보도에, 4호선 삼각지역에서 6호선 삼각지역으로 가는 승강장에 설치돼 운행 중이고, 7호선 도봉산역 개찰구에서 밖의 출입구로 나기는 곳에 설치돼 운행하고 있다. 1호선에서 9호선까지 답사를 일일이 하지 못해 다 볼 수는 없었지만, 대부분 각 호선에서 환승하는 역은 거의 설치돼 운행 중인 것으로 알고 있다. 많은 지하철역에 설치돼 운행되고 있는 전력 소모량이 엄청 많을 것으로 본다. 노인이나 장애인이나 무거운 짐을 든 사람들은 위아래로 오르내리는 엘리베이터나 에스컬레이터와 같은 기능이 아니고, 단순 보행용으로만 설치된 '무빙워크'는 없어도 승객이 이동하는데 별 지장이 없을 듯하다.

1950년대 6 · 25 한국전쟁 당시의 우리나라 전력은 수력발전에만 의지해 전력 공급을 받아 한 가정에 30W용 전기 한 등 밖에는 사용할 수 없었다. 그것도 격일제로 전기를 공급해 줬다. 전력이 부족한 관계로 가정에 제대로 전기공급을 할 수 없는 형편이었다. 그런 세대에서 자란 우리들은 얼마나 답답했겠는가. 오늘날은 수력 발전뿐 아니라 화력 발전과 원자력 발전까지 동원돼도 그 양을 충족시키지 못해 매년 하절기와 동절기에 늘어나는 전기 공급량을 감당치 못해 또다시 국민들에게 절전해 줄 것을 호소한다.

오늘날 국가의 전력량 부족에 정부의 절전 호소에 조금이나마 도움이 되고자 나는 집에서 전력 소비를 줄이고 정부에서 권장하는 절전을 하기 위한 태양광을 설치해 자가 생산되는 전기공급으로 전력을 사용하고 남는 전력은 한전 계량기를 통해 한국전력으로 들어간다. 이렇게 태양광열을 이용한 자가발전으로 전기 사용량을 자급자족해 전력 소비를 아껴서 나에게도 이득이고 국가에도 이득이라 내 가슴이 뿌듯하기만 하다.

국민 각 개인도 에너지 절약에 동참해 노력하는데 공공기업체에서도 사용치 않아도 될 수 있는 시설물은 사용을 자제함으로써 에너지 절약을 할 수 있는데도 하지 않는 것은 잘못된 사항이므로 시정을 해야 할 것이다. '무빙워크'를 가동하지 않아도 걸을 때나 짐 운반할 때에 어느 누구도 불편하다고 할 사람이 없다. 그러므로 에너지를 소비하는 것으로 보이는 '무빙워크'는 사용을 정지시키고 국가전력소비방지 사업에 동참해 에너지 소비 절약 운동에 따라야 할 것으로 생각된다.

나눔의 은행나무

우리 집 대문 옆에는 큰 은행나무가 무성히 자라 대문 밖 그늘막이 지나는 사람들의 쉼터를 만들어 줬다. 이 은행나무는 1980년대 이 집으로 이사 와서 3층으로 신축을 하면서 그 기념으로 대문 옆에 심었던 것이 이렇게 크게 자랐다.

이 은행나무가 자라서 봄에 연녹색의 잎사귀가 나올 때 얼마나 귀엽고 예쁜지 모른다. 시간이 지나면서 이파리는 연녹색에서 초록색으로 변해 가며 하얀 꽃이 피어 열매를 맺으면 마당에 떨어지기 시작한다. 계절이 바뀌어 가면서 초록색 잎은 노란 잎으로 변해 나무 전체가 노란색이 된다. 조금 떨어져서 보면 길가에 노란 대형 파라솔을 펼쳐 놓은 것 같았다. 은행은 노랗게 익어가며 땅바닥으로 떨어지기 시작한다.

은행나무는 자체 살균작용으로 파리, 모기 등 해충이 달려들지 못해 서울 시내 가로수로 많이 심어졌다. 우리 집 은행나무는 다 성장한 후 몇 년간 열매가 없어 수나무가 아닌가 했는데 어느 해부터 은행 열매가 맺히기 시작했다.

깊은 가을이 되면 노란 잎과 은행 열매가 대문 밖 길가로 떨어져 지나가는 자동차에 의해 으깨어져 특유의 냄새가 나고 잎사귀가 날려 주위가 깨끗하지 못하다. 그렇다고 은행나무에 올라가서 은행을 딸 수 없는 형편이라 땅에 떨어진 것을 줍는 수밖에 없다.

지난가을에 가로수로 된 은행잎과 우리 집 앞 은행잎이 수북이 떨어진 것을 환경미화원들이 부대에 열심히 담는 것을 보았다. 이것을 구청에서 남이섬에 판매한다고 했다. 남이섬은 노란 은행잎을 깔아 놓고 일본인 관광객들이 영화의 한 장면처럼 재연하며 즐기게 하려고 많이 사들인다는 것이었다.

나는 바닥에 떨어진 은행을 상당량이 되면 씻어서 껍질을 벗겨 말려 놓는다. 은행은 기호식품으로 옛날에는 왕실의 궁중요리인 신선로 요리로 사용했다고 한다. 은행의 씁쓸한 맛을 줄이기 위해 밤, 대추와 함께 신선로 요리를 해서 임금님께 진상하기도 했다. 이것이 민가에 전래되어 백성들은 결혼식 때에 이 신선로 요리를 하고, 또한 부모님 회갑, 진갑 잔치 때 이 요리를 만들어 웃어른께 올렸다고 한다. 집에서 매년 이렇게 수확한 하얀 은행을 동네 친지 및 성당 교우와 우리 수필 교실 문우들에게 조금씩이나마 나눠드리면 모두 좋아한다. 나는 힘들더라도 이런 재미에 수년째 이 행사를 하고 있다. 어떤 문우는 수고한다고 보답으로 책도 주시고 글도 열심히 쓰라고 고급 볼펜도 주셨다. 봉사 차원에서 드리는 것인데 보답해 주시니 감사한 마음 이루 말할 수 없다.

이런 나의 마음은 수몰되기 전 고향의 시골에서 큰댁의 할아버지에게서 영향을 받은 것 같다. 시골의 옛 연자방아 터 옆에 수백 년 된 아름드리 큰 은행나무가 있었다. 이 은행나무는 매년 수십 가마의 은행을 수확했다. 그때는 동네 어르신들의 협조 없이는 할 수 없었다. 어르신 모두가 한마음이 되어 거두고 씻어 뽀얀 은행을 가마니에 담았다. 할아버지께서는 당일 참석하신 분들에게 일당을 챙겨 주시고 각자 필요한 만큼의 은행을 나눠드리고 그날의 일을 끝마치셨다. 아마 그때 할아버지 하시는 것을 보고 영향을 받지 않았나 생각된다.

그런데 아쉽게도 이러한 행사를 금년 가을부터 할 수 없게 되어 매우 안타깝다. 대문 옆에서 37년이나 자란 이 은행나무는 직경이 30㎝나 되어 뿌리가 길게 뻗어 담장에 금이 갔다. 건물에 큰 지장이 와서 어쩔 수 없이 구청의 도움을 받아 지난 7월 말 베어 냈다. 그러고 나니 너무도 허전하고 마음이 서글퍼지기도 했다. 그동안 여러 사람에게 그늘이 되어 시원하게 해 줬던 은행나무, 37년 동안 키운 정을 쉽게 떨쳐 버릴 수가 없었다.

같이 공부하는 한 문우는 감기에 좋다고 저녁이면 구워 먹으며 쌉쌀한 그 맛에 기분이 좋았는데 이제 받지 못하니 매우 서운하다고 아쉬움을 나타냈다. 은행은 감기와 기침에 효과가 있다. 그래서 은행잎은 제약회사의 감기약 원료로도 쓰이고, 살충제의 원료로도 쓰인다고도 한다. 우리 집에서 아름답게 자라서 삶에 지친 사람들에게 시원한 쉼터가 되고 운치를 느끼게 하고, 열매를 줘 이웃과 문우들에게 나눔으로써 봉사정신을 갖게 해준 은행나무가 고맙기만 하다. 그리고 끝까지 싱싱한 나무로 옆에 두지 못하고 비참하게 생을 마치게 한 것이 못내 미안하기만 하다. 그러나 건물에 피해를 주고 있어 그늘을 만들어 준 은행나무와 같이 생활할 수 없어 안타깝기 말할 수 없으며, 또한 여러 이웃과 문우들에게 이제는 나눔을 할 수 없어 아쉬움을 뒤로하고 잘라낸 은행나무를 싣고 가는 트럭을 바라보고서 잘라낸 밑동을 하염없이 바라보며 아쉬움을 남겼다.

문장은 장성만 한 곳이 없다(文不如長城)

요즈음 장성역에 도착하면 역전 광장 좌측에 '문불여장성(文不如長城)'이란 큰 비석이 세워져 있다. 장성군은 현재 군 전체를 사계절 노란 꽃밭으로 만들어 장성을 상징하는 황룡강의 이미지를 살려 지방자치 경영 대상을 여러 차례 받아 군민의 자긍심을 높이고 있다. 조선의 26대 왕인 고종의 아버지인 흥선대원군이 권좌에서 물러난 후, 전국을 유람하다가 호남 땅에 들어서 보고 느낀 것을 문불여장성(文不如長城) 외 일곱 군데를 더해 '팔불여(八不如)'라 했는데 이곳의 특징을 말하는 것이다.

강화에서 배를 타고 경기도와 충청도를 지나서 호남의 관문으로 들어가 맨 먼저 내린 곳이 영광이다. 포구에 집들이 빽빽이 들어서 있으니 영광하면 굴비라고 했듯이 굴비를 말리면서 열심히 살아가는 백성들의 모습을 보고 감탄해 '호불여영광(戶不如靈光)'이라고 감탄했다. 집은 영광만 한 곳이 없다는 뜻이다.

다음으로 들른 곳이 광주였다. 광주의 넓은 들판에 누렇게 익어가는 곡식이 탐스러워 '곡불여광주(穀不如光州)'라 해서 곡식은 광주만 한 곳이 없다는 뜻이다. 세 번째로 광주에서 나주평야를 휘감고 돌아 나주에 들렀는데, 관아에서 혹독하게 세금을 거둬들이는 모습을 보고

'결불여나주(結不如羅州)'라고 했다. 세금을 거둬들이는 곳은 나주만 한 곳이 없다는 뜻이다. 여기서 결(結)은 세금이라는 뜻으로 쓰였다. 네 번째로 들른 곳이 영산포와 영암, 장흥, 보성을 지나 도착한 곳이 순천이다. 너른 순천벌에 땅이 기름지고 사람 살기가 좋아 '지불여순천(地不如順天)'이라고 했다. 땅이 좋기로는 순천만 한 곳이 없다는 뜻이다.

다섯 번째로는 곡성, 구례를 지나 전라북도 남원에 들렀다. 순박하게 살아가는 모습이 그렇게 정다울 수가 없어 '인불여남원(人不如南原)'이라 했다. 사람은 남원만 한 곳이 없다는 뜻이다.

남도 해안가를 찾고 싶었던 대원군은 북도를 향해 올라가던 길을 다시 되돌려 여섯 번째로 고흥에 이르렀다. 고흥 앞바다에서 잡아 오는 고기와 해초류가 풍부해 경제적으로 풍요로운 모습을 보고 '전불여고흥(錢不如高興)'이라 했다. 돈이 많은 곳은 고흥만 한 곳이 없다는 뜻이다. 일곱 번째로 고흥에서 배를 타고 오랜 시간 항해한 끝에 도달한 곳이 삼다도(三多島)라 불리는 제주였다. 바람, 돌, 여자가 많기로는 제주만 한 곳이 없다는 뜻으로 '여불여제주(女不如濟州)'라 해서 여자가 많이 살았던 모양이다.

마지막 여덟 번째로 육로로 한양 땅을 향해 올라가던 길에 들른 곳이 장성이었다. 이곳 장성에는 조선 시대 12대 임금이신 인종이 세자 때 스승이셨던 나의 15대 선조인 성리학자 하서(河西) 김인후(金麟厚) 선생이 후학들을 가르치기 위해 세운 곳이 필암서원(筆巖書院)이다. 이곳은 매년 전국한시백일장을 개최해 유명한 문장가들이 모여 실력을 겨루기도 한 곳이다. 이 서원은 사적 제242호로 지정돼 있으며, 대원군의 서원 철폐령이 내렸을 때 전국의 47개 서원 중 철폐되지 않은 서원 중의 하나로 현재 하서 선생의 위폐가 이곳에 모셔져 있다. 호남에서는 유일하게 성균관에 동국 18현 중의 한 분으로 배향돼 있다. 또한 이곳은 2019년 7월 6일에 유네스코 세계문화유산에 등재돼기도 했다. 또한 고봉(高峰) 기대승(奇大升), 노사(蘆沙) 기정진(奇正鎭) 등 성리학자를 배출해 학문의 기상이 높은 곳이었기에 '문불여장성(文不如長城)'이라 하여, 즉 문장은 장성만 한 곳이 없다는 뜻으로 장성 가서 글 자랑하지 말라는 말이 나돌기도 했다.

이 고장에 태어난 나 역시 문학을 하면서 글을 쓰고 있으나, 내 고장 선인들의 학문에 비하면 필재가 모자라 선인들을 따라가려면 턱없이 부족한 나 자신이 부끄럽기 한이 없다. 13대 명종 때의 명신이라 하여 청백리로 유명한 영의정 아곡(莪谷) 박수량(朴守良)도 이 고장 출신이다. 박수량은 조선 시대 세 청백리 황희, 맹사성, 박수량 세 정승 중의 한 사람에 들어 있다. 박수량의 청백리 뜻을 군 전 공무원에게 인식시키기 위해 군청 현관 입구에 이 백비를 세워놓기도 했다.

이 외에도 다른 곳을 언급한 곳도 있다. '관불여전주(官不如全州)'는 지방 장관으로는 전주 관찰사만 한 곳이 없다 했고, '지불여김제(池不如金堤)'는 저수지는 김제 벽골제만 한 곳이 없다고 했다. 강불여곡성(江不如谷城)은 큰 강이 흐르는 곳은 곡성만 한 곳이 없다 했고, '산불여구례(山不如求禮)'는 산은 구례만큼 큰 곳이 없다는 말이 있는데 그 지역의 유명한 것을 자랑하기 위해 나중에 붙인 말이라고 한다. 한편 장성에 가면 인물 자랑하지 말고, 여수에 가면 돈 자랑하지 말고, 벌교에서는 주먹 자랑하지 말라는 말이 널리 회자되기도 했다.

호남 지방의 팔불여 중 '문불여장성(文不如長城)'은 나의 고향이다. 나에게는 무한한 자부심과 긍지를 갖게 해 주는 곳이다. 사는 곳이 고향이라고 정붙이며 살라는 사람도 있다. 그러나 내 고향은 현재 타지에서 사는 나에겐 어린 시절의 추억과 그리움이 쌓여 있는 곳이다. 내 자식뿐 아니라 고향 사람이라면 버선발로 뛰어나가서 맞이하신다는 부모님의 사랑이 서려 있고, 소꿉친구들과 뛰놀며 미래의 꿈을 꿔 왔던 곳이다. 이와같이 대원군이 호남 지방을 둘러보고 이 지방의 독특한 기상이나 특산물, 그리고 아름다운 전통과 풍요로움을 보고 느낀 것을 이른바 '팔불여'라는 이름으로 붙였는데, 오늘날 다시 한번 새겨 볼 만하다.

무쇠솥

요즈음 철로 된 가마솥은 찾아보기 쉽지 않다. 시중에서 판매되는 것은 알루미늄으로 된 양은솥뿐이다. 옛날 시골에서는 어느 집에서나 부엌에 있는 솥은 모두 뚜껑이 반질반질하고 윤이 번쩍번쩍 빛나는 무쇠솥이었다. 지금은 아무리 찾아봐도 찾아볼 수 없는 귀한 솥이 됐다. 도시나 농촌에서 부엌 혁명으로 이 무쇠솥은 양은솥에 밀리고, 양은솥 역시 압력밥솥과 전기밥솥에 밀려 잘 쓰지 않는 솥이 됐다. 시골의 가마솥들은 고물 장수에 팔려나가고 없다. 옛날의 무쇠솥은 박물관이나 주물 공장에 가야 겨우 찾아볼 수 있는 귀한 물품이 되어 이제는 쉽게 구경할 수 없다.

옛날에는 초여름에 모내기할 때나 가을 추수할 때에 어머니들은 이 무쇠솥에 밥을 지었다. 쇠죽을 끓일 때는 큰 무쇠솥을 사용했다. 이 가마솥은 대농(大農)을 하는 집이 아니고는 갖고 있는 집이 드물었다. 무쇠솥으로 밥을 지을 때는 까다롭다. 밥은 주로 안방 큰 부엌에서 쌀에 보리를 섞어 짓는데 밥을 맛있게 짓기 위해 어머니들은 많이 애쓰셨다. 어머니는 화력이 센 청솔가지를 아궁이에 넣고 불을 지폈는데 연기가 많이 나와 눈물을 흘리셨다. 콜록콜록 기침을 하시며 불이 잘 타도록 아궁이에 '후' 하고 바람을 불며 뜸을 들일 땐 잿불을 모아 솥뚜껑 위에 올려놓으셨다. 밥 하나 지을 때도 그렇게 정성을 기울이시던 어머니의 모습이 기억이 난다.

밥을 풀 때는 그릇 안에 들어가는 양보다 밥그릇 위로 올라오는 양이 더 많은데, 이런 밥을 고봉밥이라고 한다. 어렸을 때 수북이 올라온 밥을 보면서, '저렇게 많은 밥을 먹을 수 있을까?' 걱정하기도 했다. 그러나 농부들은 그 고봉밥을 감쪽같이 비우셨다. 그렇게 배불리 먹어야 일을 할 수 있기 때문이다. 그 당시에 농부들의 간식은 막걸리와 김치밖에 없었다. 그 후 농가에서는 밥을 논으로 새참을 내갔다. 음식이 가득 든 함지박을 머리에 이고 논으로 나가시던 어머니의 모습이 떠오른다.

이렇게 수확해 거둬들인 벼는 식구들의 양식과 생활비와 교육비로 사용했다. 또한 벼는 상인에게 팔아 자식들의 학비로 쓰였는데, 고생하시는 부모님께 죄송함과 고마움을 갖게 되어 더욱더 열심히 공부했던 때가 엊그제 같다. 부엌에서 메케한 연기를 마시며 무쇠솥에 밥을 지으신 어머니의 노고에 얼마나 보답했는지 자성해 본다. 그 10분의 1이라도 하지 못한 것을 후회하지만, 부모님은 이미 이 세상에 안 계시니 더 한(恨)이 남는 자식이 됐다.

이제 돌이켜보면 중 · 고교에 다닐 때 무쇠솥에 연기를 마시며 어머니가 해 주시던 밥을 먹을 때가 가장 행복했던 것 같다. 요즘 고급 음식점에서 맛있는 요리를 먹어도 어머니가 정성 들여 해 주신 밥보다 못하다는 것을 이제야 알게 됐다. 무쇠솥에 밥을 짓고 나면 솥바닥에 눌어붙은 누룽지의 고소한 그 맛은 어디에 비교할 바가 아니다. 이 누룽지는 우리들의 가장 소중한 간식거리였다. 스위치만 누르면 자동으로 되는 전기밥솥으로 지은 밥과 부모님이 지어 주신 무쇠솥 밥과는 그 맛이 다르다. 동네 어르신들이 모내기와 벼 베기 품앗이를 할 때 점심때 나오던 무쇠솥 밥의 구수한 그 냄새와 하얀 무를 밭에서 직접 뽑아 무친 무생채의 맛은 지금도 잊을 수 없다.

내가 어릴 때 농촌의 민심은 소박하고 욕심이 없었다. 이웃을 서로 도우며 살았기에 고향에서 살았던 어릴 때 그 시절이 그립기만 하다. 중·고교에 다닐 때 시장 앞에 있는 대장간을 지나가면서 보면 시뻘겋게 달궈진 쇳덩이를 웃옷을 벗어부친 건장한 청년 두 명이 굵은 땀방울을 흘리면서 쇠망치로 두들기는 모습을 볼 수 있었다. 그들은 그 쇳덩이로 만들어진 것은 부엌칼, 호미, 도끼, 낫, 괭이 등 집에서 사용하는 연장 등이었다.

무쇠솥으로 지은 음식은 오랜 시간 보온 효과가 있다. 솥이 두껍고 무거운 중량으로 높은 압력을 유지해서 맛있는 밥맛을 낸다. 이 무쇠솥은 조상의 지혜가 담긴 소중한 유물이다. 어머니가 맛있게 지어 주시던 무쇠솥 밥을 먹을 수 없어 어머니 생각이 저절로 난다. 인자하신 마음으로 이웃을 사랑하셨던 어머니의 모습이 더욱 그리워진다.

나는 담배를 이렇게 끊었다

나는 담배를 하루에 한 갑 정도 피우는 애연가였으나 담배가 인체에 해로운 줄 알고 끊겠다는 다짐을 했다. 1980년 봄 어느 날 나는 이제는 담배를 끊겠다고 은단을 먹으면 담배를 덜 피우겠지 했으나 이와는 반대로 담배를 더 피우게 됐다. 왜냐하면 은단과 함께 담배를 흡연하면, 입안과 목구멍이 박하 향에 의해 더 시원하게 되어 오히려 담배를 더 빨아들이는 심리로 더 피우게 된다. 담배를 피웠던 사람이면 누구나 한 번씩은 겪어 보았을 것이다.

다시 시도해 본 것이 껌을 씹는 것이다. 처음에 한 개를 씹고 오래 씹다 보니 이가 닳아서 날카롭게 되어 아팠다. 다음에는 반 개로 줄이고, 그 후에는 반에서 다시 반으로 줄여 한 개의 4분의 1로 줄여 씹었다. 이렇게 껌을 계속 씹다 보니 담배 피우는 횟수가 자연히 줄어 그 후로는 피우지 않아도 견딜 만큼 되어 담배와 라이터를 꺼내어 쓰레기통에 던져 버렸다. 그렇게 된 기간이 6개월의 시간이 흘렀다.

이렇게 담배를 끊게 되니 가장 반기는 사람이 아내와 아이들이었다. 담배를 피울 때 무모한 짓을 했다. 안방에서 가족들의 건강은 조금도 생각지 않고 버젓이 담배를 피워 간접흡연의 피해를 끼치기도 했다. 다음 단계로 보리차를 구수하게 끓여 담배 생각날 때마다 한 모금씩 마셨다. 당분이 많은 껌을 오래도록 씹고 보리차를 계속 마시니 자연히 배가 나와 바지의 허리가 맞지 않아 입을 수 없게 되어 매일 아침 조깅과 배, 허리 운동을 꾸준히 하여 뱃살을 빼고 원래 입었던 바지를 다시 입을 수 있게 했다. 이렇게 금연한 지도 만 40년이 됐다.

지금은 담배 냄새가 완전히 싫다. 길을 가다가도 앞선 사람이 담배 연기를 내뿜으면 역겨워 고개를 돌리게 된다. 나는 이렇게 인내와 노력으로 담배를 완전하게 끊었다. 아직도 담배를 끊지 못하는 친구들에게 나의 경험을 알려 주고 건강을 위해 금연하면 맑은 정신과 깨끗한 두뇌로 내 몸을 건강하게 지킬 수 있다. 오늘도 나는 금연 운동에 열심히 뛰고 있다.

버려진 양심

우리 집 앞에는 시내버스 정류장이 있다. 대문 옆에는 구청에서 마련해 준 음식물 쓰레기 수거통이 놓여 있다. 나는 이 통에 벌레가 생기지 않도록 항상 깨끗이 닦아 놓는다. 음식물 쓰레기는 보통 이틀에 한 번씩 수거해 가고 있다. 구청에서는 규격 봉투에 잘 넣어 주기를 바란다고 계속해 안내를 한다.

어느 날 쓰레기를 버리려고 수거함을 열어 본 순간 나는 깜짝 놀랐다. 누군가 규격 봉투가 아닌 까만 비닐봉투에 물기가 잔뜩 든 음식물을 수거통에 버리고 간 것이다. 규격 봉투에 담겨 있으면 환경미화원이 가져가지만, 그렇지 않은 봉투에 들어 있으면 절대 수거해 가지 않는다. 앞집 빌라에 설치해 놓은 CCTV로 확인해 보니 한 여성이 까만 봉지를 들고 내려오다가 우리 집 수거통에 집어넣고, 버스를 타고 유유히 가버리는 것이었다. 이런 몰상식한 사람과 한동네에 살고 있다니……. 새벽에 일어나 현장에서 직접 붙잡아야 증거가 될 수 있으니 난처한 일이었다. 앞으로는 이러한 일이 없기를 바라며, 동네 사람들의 양심만을 믿을 수밖에 없었다. 규격 외 봉투에 버린 음식물 쓰레기를 무더운 여름철에 햇볕이 내리쬐는 곳에 놓아두면 벌레도 생기고 부패한 냄새 또한 고약하게 난다. 그래서 별수 없이 내가 고무장갑을 끼고 규격 봉투에 담아 수거통에 다시 넣어 놓았더니 다음 날 아침에 환경미화원이 깨끗이 비워 갔다.

동네 CCTV를 보고 무단투기한 사람을 잡아 달라고 동주민센터에 신고했다. 주민센터 담당자는 이러한 민원이 많이 들어와 골치를 앓고 있으나 CCTV만 보고서는 무단투기한 사람을 잡을 수 없다고 말한다. 이유는 각 호구마다 찾아가 일일이 대면 조사를 해야 하는데 낮 시간에 사람도 없고, 주민센터 인력도 모자라 실지 범인을 색출하기가 어렵다는 것이다.

대신 대문 쓰레기 수거통 옆에 경고장을 붙여 주겠다고 했다. 전에는 화가 나서 "당신은 양심도 없습니까?" 하고 수없이 경고장을 써서 붙인 적도 있었지만 아무 소용이 없었다. 그러나 구청장 명의로 된 경고장은 내 개인이 붙인 것보다는 효력이 있을 것 같아 붙여 달라고 간곡히 부탁했다. 주민센터에서 우리 집 대문 옆에 경고장을 붙이고 수거통 위에도 붙여 놓았다. 음식물 쓰레기를 무단투기한 자는 적발 시 과태료 100만 원을 부과하고 고발 조치하겠다는 내용이었다. 내 개인이 붙였을 때는 아무런 효과가 없었으나, 구청장 명의로 붙여 놓은 후로는 그런 사람이 없었으니 역시 행정기관의 힘이 큰 것 같다.

인간이란 예의와 도덕성을 갖고 살아야 하는 사회적 동물인데 이것을 무시하고 자기를 되돌아보지 못해 남에게 해를 끼치는 행동을 한다면 공중도덕은 무너지고 자신을 망치게 되는 자살 행위와 같다. 몰염치한 행위는 배우지 못해 그러는 거라는 마음이 들었다. 그에게도 양심이란 것이 있지 않을까. 아무리 생각해 보아도 이해가 잘 안 된다. 나 자신도 비양심적인 마음을 가지고 살지는 않았나 하고 반성해 본다. 사회가 혼탁해 쓰레기 버리는 것까지 시비를 벌여야 한다니 한심한 일이다. 동네에 CCTV를 설치해 놓았어도 무단투기한 사람을 잡아내지 못한다면 아무 소용이 없는 전시용에 불과하다.

주민센터나 구청에서 더 관심을 가지고 비양심적인 인간이 나오지 않도록 노력해 행복한 동네가 되도록 힘써 주기를 주민의 한 사람으로서 간절히 바란다. 일찍이 유대계 독일인 하인리히 하이네는 "인간을 비추는 유일한 등불은 이성이며, 삶의 어두운 길을 인도하는 유일한 지팡이는 양심이다"라고 했다. 자기 양심을 지킬 때만이 비로소 행복이 온다는 것을 모두 깨달았으면 얼마나 좋을까…….

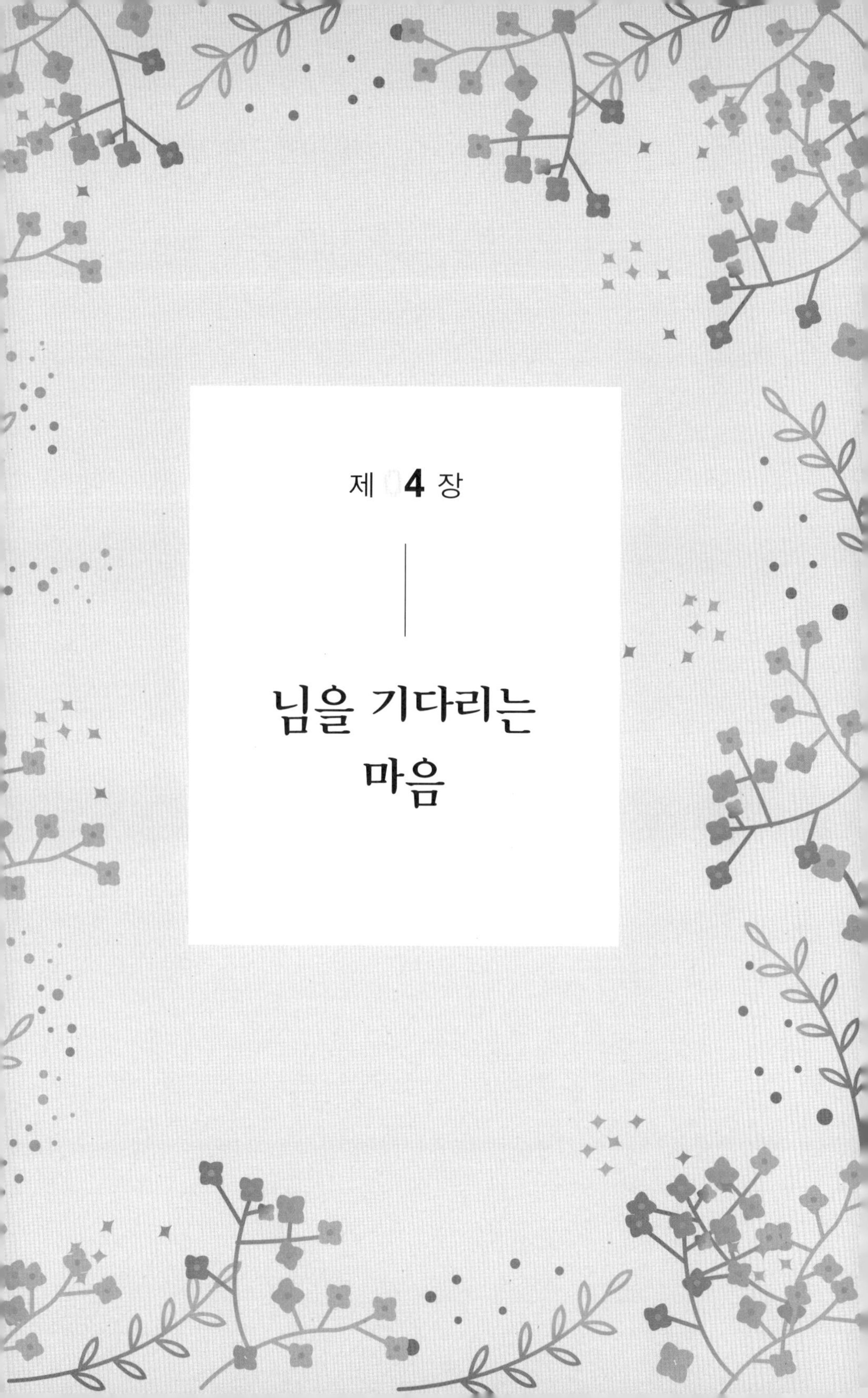

제 4 장

님을 기다리는 마음

골목길의 정원

집에서 외출하면 조금 떨어진 곳에 좁은 골목길이 있다. 그 골목길 끝집에는 담장이 없는 대신 꽃들로 작은 정원을 잘 가꾸어 놓았다. 지나가는 사람들마다 예쁘다, 잘 가꾸어 놓았다며 한마디씩 칭찬을 아끼지 않는다. 집주인도 꽃을 닮아서인지 항상 웃는 얼굴로 좋은 인상을 풍긴다. 이 정원에는 채송화, 달리아, 국화, 과꽃, 백일홍 등 내 취미와 비슷하게 우리나라 재래종 위주로 예쁜 화분 수십 종의 꽃들로 담장을 겸해 싱싱하고 예쁘게 줄지어 놓아 장관을 이룬다.

화초를 가꾸기란 다른 사람이 보기에는 쉬워 보이나 여간 힘든 일이 아니다. 부지런하고 성실한 노력이 있어야만 아름다운 꽃과 아름다운 꽃나무들을 볼 수 있다. 아침저녁으로 물을 줘야 하고 화초에 맞는 비료나 거름을 줘야 꽃이 탐스럽게 잘 핀다. 우리 집은 옥상에 정원을 만들어 놓았다. 잔손이 많이 간다. 아침에 일찍 기상해서 물을 줘야 하고 저녁이면 낮의 뜨거운 태양 아래서 시달리다 시들어진 화초를 회생시키기 위해 다시 한번 물을 줘야 한다. 부지런하지 않고서는 가꾸기 힘든 일이다.

힘에 부치면 하기 싫을 때도 있다. 그러나 이 아름다운 꽃들을 볼 때는 마음이 확 달라진다. 부지런히 가꿔서 각 화분마다 특색이 있는 꽃을 가꾸어야 한다는 나의 막중한 사명감 때문에 가꾸는 일을 포기하지 않는다. 우리나라 재래종의 아름다운 꽃들이 풍기는 꽃향기와 꽃술의 모양을 볼 때 그렇게 예쁠 수 없다. 나는 꽃향기에 도취되는 기분에 나도 모르게 힘들면서도 열심히 가꾼다. 골목길의 정원 집주인도 이런 마음으로 꽃을 가꾸리라 본다. 너무 아름다워 우리 집에 가져다 놓고 싶은 욕심이 생긴다. 어느 날 이 골목길의 정원을 지나가는데 담장이 된 정원 한가운데에 다음과 같은 글 판이 붙어 있어 깜짝 놀랐다.

꽃 도둑아! 훔쳐다
보면 즐겁냐?
다 같이 즐겨야지!
골목마다 CCTV가 있다.

'꽃을 가꾼 집 주인이 화분을 잃어버리고 얼마나 마음이 상했으면 이런 글을 써서 경고했을까?' 하는 마음을 나 자신은 이해가 됐다. 온갖 정성을 들여 심혈을 다해 여러 사람에게 지나면서 즐거운 마음을 주기 위해 가꾼 꽃인데 몰래 가져가면 마음이 얼마나 아프겠는가? 주인은 "욕심이 나서 달라고 하면 기꺼이 줄 수 있다"고 하며 "자기 혼자만 보고 즐기자고 주인 몰래 집어 가는 것은 도둑과 같다"고 나에게 하소연했다. 마음이 상한 주인을 위로하니 장미꽃 한 포기를 주기에 얻어와 예쁘게 기르고 있다. 답례로 홍초 뿌리 몇 개를 드렸더니 아주 기뻐하며 예쁘게 가꾸겠다고 했다. 나는 글 판 내용을 "예쁜 꽃을 다 함께 보고 즐겨요!"라고 썼더라면 좋았을 것을 하는 아쉬운 마음이 들었다.

정원의 꽃들은 옥상에서 키우기에 이러한 일은 없으나 화분에 무성한 잡초가 많이 자라서 잡초 뽑는 데 시간이 많이 걸리고 힘이 든다. 잡초는 거름을 주지 않아도 잘 자라서 다른 화초들이 자라는 데 방해하고 화분 전체를 독차지한다. 그렇기 때문에 잡초가 생기면 즉시 바로 뽑아줘야 한다. 우리 집 옥상의 화초들은 겨울만 빼고 봄, 여름, 가을 늦게까지 계절별, 종류별로 계속 피기 때문에 꽃의 아름다움을 보고 느끼면서 산다.

회사에 재직 시에 야유회를 간 적이 있었다. 경기도의 어느 야산으로 갔는데 물이 고여 있는 작은 웅덩이 주위에 노랗게 피어 있는 각시붓꽃이 많이 있었다. 나는 조심스럽게 뿌리까지 노란색 붓꽃 한 포기를 캐 가지고 집에 가져와 화분에 심었다. 각시붓꽃은 노란색과 보라색 두 종류가 있다. 나 자신은 노란색 붓꽃보다 보라색 붓꽃이 더 아름다워 좋아한다.

집에 심은 노란 붓꽃도 아름답기는 하나 기왕이면 보라색이었으면 했는데 그다음 해 봄에 새싹이 나오는 꽃대가 보라색 꽃잎이 나오는 것이었다. 얼마나 반가웠는지 모른다. 나의 염원대로 보라색 꽃이 피어나오는 것이었다. 어떤 이유인지 식물학자가 아니어서 원인을 밝혀내지는 못했지만, 나의 염원이 보라색이 됐으면 하고 마음속 깊이 바라던 것인데 실제로 보라색으로 꽃대가 나오니 참으로 신기하고 기쁜 일이었다. 영롱한 붓꽃이 피어날 때 오므라진 붓꽃 끝이 꼭 붓이 먹물을 머금고 오므리고 있는 것 같아 붓처럼 생겼다고 해 붓꽃이라 이름 지어졌다고 한다. 확실히 노란색보다는 보라색으로 피어 있는 꽃이 붓과 닮아 더 아름답고 예쁘다. 꽃 색깔이 바뀌어 피고 나서 나의 하는 일이 더욱 잘 되는 것 같았다.

아름다운 꽃들은 심혈을 기울여 키워서 화분에 심고 나란히 전시를 해 오고 가는 사람으로 하여금 보고 즐거움을 주고자 노력했는데 주인 몰래 훔쳐 가는 사람의 마음을 알 수 없다. 꽃 화분을 몰래 가져간 사람은 이 골목을 지날 때마다 양심의 가책으로 마음이 괴로울 것이나 집주인이 쓴 경고판을 보았다면 지금이라도 늦지 않았으니 주인에게 사과하고 제자리에 가져다 놓고, 아름다운 골목길의 정원으로 만들어 지나는 사람들이 즐겁게 관람할 수 있다면, 서로 사랑하고 배려하는 명랑하고 즐거운 골목길이 됐으면 하는 마음이다.

님을 기다리는 마음

6 · 25 한국전쟁이 일어나기 직전 1949년 4월에 내 고향 장성에서 정읍으로 이사를 했다. 숙부께서 정읍에 살고 계셨기 때문에 그 인연으로 샘고을인 정읍으로 이사를 가게 됐다. 말 그대로 아무 데나 땅을 파면 물이 샘솟듯이 나오는 정읍이 좋았다. 물론 농사도 잘됐다. 집안에 텃밭이 넓어 채소도 잘 자라 김장배추도 충분히 재배하고도 남았다. 초등학교 4학년 때 전학 와서 중학교, 고등학교를 이곳 정읍에서 다녔다.

고등학교 고문(古文) 시간에 「정읍사(井邑詞)」라는 고전 가사가 나와서 공부했다. 정읍의 시골 아낙네가 행상 나간 지아비가 여러 날이 돼도 돌아오지 않자 무사하기를 빌며 간절히 소망하며 망부석에 올라 기다렸다는 백제시대 가사이다.

여기서 『악학궤범(樂學軌範)』 권5에 실려 있는 정읍사(井邑詞)의 원문과 풀이를 적어 본다.

정읍사(井邑詞)

〈원문〉

달하 노피곰 도다샤
어긔야 머리곰 비취오시라
어긔야 어강됴리
아으 다롱디리
져재 녀러신고요
어긔야 즌데를 드데욜세라.
어긔야 어강됴리
어느이다 노코시라
어긔야 내 가논데 졈그를세라
어긔야 어강됴리
아으 다롱디리

〈풀이〉

달님이시여, 높이 높이 돋으시어,
멀리멀리 비추어 주십시오.
— 기(起) : 천지신명께 기원
시장에 가 계신가요?
위험한 곳을 가실까 두렵습니다.
— 서(敍) : 남편의 안전에 대한 염려
어느 곳에나 (행상봇짐을) 놓으십시오.
나의 남편이 가는 곳에 날이 저물까 두렵습니다.
— 결(結) : 남편의 편안함 기원

*출처 : 『악학궤범(樂學軌範)』 권5.

소박한 여인이 소복을 하고 행상 나간 지아비를 오랫동안 기다리며 무사하기를 간절히 소망하고 있는데, 그 소망을 단에 의탁해 표현한 것이 오늘날까지도 많은 학자들에 의해 평가받고 있다. 여기서 단은 높이 돋아 먼 곳까지 비출 수 있는 광명의 상징으로 임을 어둠으로부터 지켜 주는 천지신명과 같은 존재이자, 멀리 떨어져 있는 지아비의 거리감을 좁혀 주는 매개물로 결국 무사히 돌아오게 지켜 줌으로써 결국 지아비와의 사랑을 유지시켜 주고, 인생을 밝혀 주는 존재라고 배웠다. 현 망부상은 허리띠를 두른 백제 여인의 의상을 갖추고 있고, 치마저고리가 하얀색으로 아래까지 단이 있는 반코트식 치마를 입고 있다. 지금도 남편을 기다리는 간절한 염원을 담은 듯 정읍시가지를 바라보며 양손을 모은 채 서 있어 이 망부상은 정읍의 상징물로 남아 있다.

예로부터 정읍은 훌륭하고 뛰어난 인물이 많이 나오는 고장으로 유명하다. 1559년 조선 시대 선조 22년에는 임진왜란 때 용맹을 떨쳤던 충무공 이순신 장군이 무관으로 있다가 문관으로 처음 이곳 정읍의 현감을 지내셨다. 이곳 정읍에는 이순신 장군을 기리는 사당이 있어 매년 탄생일에 이순신 정읍 현감을 추앙하는 기념식을 거행하고 있다.

조선조 고종 때 동학혁명의 지도자인 전봉준 장군이 이 고장 출신으로 농민들의 한을 풀 수 있는 선봉장이 되어 활동했다. 또한 항일 독립투사로 가난한 농가 출신으로 태어난 백정기 의사는 24세의 나이로 동지들을 규합해 경인간(京仁間) 일본 기관을 파괴하는 공작으로 독립투쟁을 했다. 근대에 들어서는 이곳 출신 라용균 선생이 런던대학 정치경제학을 전공하고, 1919년 동경 유학생 독립선언사건에 연루돼 상해로 망명을 해 건국 후에는 제헌 4, 5, 6대 국회의원과 보사부 장관을 역임하고 1963~1965년에는 국회부의장을 지냈다.

이렇게 훌륭하신 많은 선인이 있었기에 오늘날 우리 정읍이 발전돼 왔다. 호남의 곡창지대로 농사도 풍년이 되는 우리 고장이다. 내 본고향은 아니지만, 이곳 정읍으로 어렸을 때 이사 와서 초등학교, 중학교, 졸업을 이곳에서 고등학교 졸업 때까지 10년 넘게 살아와서 고향보다 더 많은 친구가 이곳에 있으며, 생활 습관도 정읍에 젖어 나의 제2의 고향이라고 해도 과언이 아니다. 우리 정읍은 인심이 좋고 사귐성이 좋으며, 어디서나 물이 풍부해 마음씨가 좋다. 매년 풍년이 드는 호남평야의 중심지로 가까이에 내장산이 있어 가을철 단풍은 전국적으로 유명해 수많은 단풍 관광객들이 몰려와 가을 한 철을 수놓는다.

내 고향이나 다름없는 정읍에 앞으로도 큰 인물들이 나와서 발전에 큰 힘이 되고, 더 큰 도시로 발전돼 경제적으로나 사회적으로 일등 가는 정읍이 되어 정읍시민의 긍지를 가질 수 있기를 바란다. 또 지아비의 무사 안녕을 기다리며 망부석에서 기다리던 아내의 심정을 깊이 새기어 정읍시민의 님을 기다리는 마음을 충분히 나타내고 있어 그 마음을 이해해 행상도 무사히 아내의 품으로 돌아왔을 것으로 믿는 바이다. 나의 건강을 염려해 주고 살려 주는 아내에게 고마운 마음을 기억하며, 그 사랑에 보답하기 위해 남은 생 아내에게 희망을 주는 삶을 살으리라 굳게 다짐한다.

잃어버린 지갑

지난 6월 어느 주일날 11시 미사에 참석하기 위해 부지런히 준비해 성당으로 출발했다. 시간 전에 성당에 도착해 미사 참례를 위해 성당 안 성전의 의자에 자리를 잡고 앉았다. 전례를 보시는 사회자의 안내에 따라 미사를 드리기 위한 사전 준비를 하고 있었다. 첫 번째로 가지고 있는 전화기의 소리를 진동이나 무음으로 소리 나지 않도록 바꿔 놓으라고 당부했다. 나 역시 하의 우측 주머니에 넣어 두었던 전화기를 꺼내 진동으로 바꿔 놓았다.

한 시간여의 미사가 끝나고 성당 밖으로 나왔다. 집으로 돌아가는 도중 소리로 전환하려고 하의 우측 주머니에 들어 있던 스마트폰을 꺼내는 순간 주머니에 같이 들어 있던 지갑이 없어져 허전했다. 어디에서 빠졌을까? 집에서 나올 때는 분명히 있었다. 또한 손으로 만져서 하의 주머니에 들어 있는 것을 분명히 확인했다. 그러나 지금 확인해 보니 분명히 없다. 그럼 어디에서 빠졌을까?

아무리 생각해 봐도 생각나지 않았다. 길에서 빠진 것 같지는 않은데 그러면 분명히 성당 성전 안에서 전화기를 꺼낼 때 같이 빠진 것이 틀림없다. 나는 집으로 가다 말고 다시 성당 성전 안으로 들어가 내가 앉았던 자리를 확인하고 찾아봤다. 그러나 그 자리에는 아무것도 없었다.

미사 시작 전 전화기 소리를 진동으로 전환하기 위해 꺼낼 때 주머니에서 전화기와 같이 빠져나온 것 같았다. 나는 이렇게 같이 빠져나온 것을 전혀 알지 못하고 미사가 끝나자마자 바로 밖으로 나와 집으로 가다가 지갑이 없어진 사실을 알게 된 것이다.

잃어버린 사실을 같이 갔던 아내에게 알리고 어떻게 대처했으면 좋겠느냐고 상의해 본 결과 아내가 성당 안에 다시 들어가 찾아보겠다고 했다. 나는 아내에게 찾아보고 없으면 성당 사무실에 들러 지갑 분실 사실을 알리고 주워서 맡기는 사람이 있으면 알려 달라고 부탁하고 오라고 했다. 아내 역시 성당 성전에 앉았던 자리 부근을 찾아봤으나 없어서 사무실에 들어가 그 사이에 혹시 성당 안에서 지갑 주운 분이 맡겨 놓은 것 없는지 물었던바, 사무실 직원 교우가 맡겨 놓은 것 있다고 해 확인했는데 잃어버린 지갑이 맞아 천만다행이었다. 이렇게 1차 성당에서 잃어버렸던 지갑을 찾았다.

지갑을 잃어버리면 보통 고생이 아니다. 우선 주민등록증은 주민센터에 신고해 새로이 발급을 받아야 하고, 카드사마다 카드 분실신고를 하고 혹시 카드 부정 사용은 하지 않았는지 확인해야 하고 전철 무임승차카드도 새로이 발급받아야 한다. 지갑에는 현금 10만 원도 들었었는데, 현금 등 카드는 하나도 손을 대지 않고 그대로 들어 있었다. 역시 믿음이 있는 교우였기에 틀림없었다.

그리고 전철 안에서 또 잃어버렸다.

전철에서는 옆자리에 앉았던 노신사의 양심이 참으로 고마웠다.

시내 볼일이 있어 나갔다가 전철 안에서 바지 주머니에 넣어 두었던 지갑이 빠져서 또 한 번 몽땅 잃어버렸다. 4호선 미아역에서 내려 개찰구를 나가려고 주머니에 들었던 지갑을 찾았으나 없었다. 당황스러웠다. 개찰구를 나가지 못하고 허둥대는 것을 보고 뒤따라오던 분이 같은 차량을 탔던 분이라고 하며, 좌석에서 지갑이 빠진 것을 보았다고 하며 빨리 전철역에 신고해 분실된 지갑을 찾으라고 일러 주었다. 만약 길에서 지갑을 분실했다면 포기하고 찾을 생각을 말아야 한다.

전철역 사무실에 신고하러 가는 동안 전화벨이 울려 받으니 수유역 역무원이라고 하며 지갑을 잃어버린 본인인지 확인한 후 수유역에 지갑을 보관하고 있으니 찾아가라고 일러 주었다. 좀처럼 주의하고 물건을 잃어버리는 성격이 아닌 나지만, 이번 경우처럼 하의 바지 주머니에 스마트폰과 가죽 지갑을 같이 넣는 것이 아닌데 잘못 넣어서 꺼낼 때 같이 밀려서 딸려 나온 것을 모를 정도로 인식을 못 한 것이 나의 불찰이었다.

1차 성당에서 분실했을 때 현금은 물론이고 습득한 분이 주워서 사무실에 맡겨 놓았기 때문에 모든 것을 재발급받는 고생 없이 그대로 사용할 수 있었기에 성당 사무실에 맡겨 준 교우분께 정말 감사의 말씀을 드린다. 주운 사람이 신고하지 않고 혼자 처리해도 알지 못하는 사람은 무엇이라 말할 사람이 없다. 다만 본인의 양심만을 의심할 뿐이다.

나 역시 얼마 전 성당 안에서 스마트폰을 주워서 주인을 찾았으나 찾을 길이 없어 성당 사무실 교우에게 맡기고 주인이 나타나면 돌려주라고 부탁하고 나온 일이 있었다. 잃어버린 사람은 얼마나 답답하고 속이 타겠는가? 분실된 물건을 습득하면 반드시 파출소에 신고해 주인이 찾아갈 수 있도록 해야 한다.

이번 일을 계기로 해서 잃어버린 사람의 심정을 파악하고 얼마나 답답하고 초조하겠는지를 알 수 있었다. 자기 물건을 자기가 잘 간수하고 챙겨야 잃어버리지 않는다. 잃어버리고 나면 후회해 봤자 아무 소용이 없고 잃어버린 사람만 아쉬움에 허탈할 뿐이다. 앞으로 소지품에 관심을 가지고 잃어버리지 않도록 주의하고, 나의 잃어버렸던 지갑을 찾게 해 주신 우리 성당 교우님과 전철에서 옆에 앉으셨던 노신사에게도 참으로 감사하다는 말씀을 다시 드린다.

우리 주변에는 이렇게 양심적인 분들이 있기에 명랑한 사회로 발전해 간다. 양심 나쁜 사람 같으면 지갑 안의 현금도 모두 써 버리고 증명서 및 명함들을 인근 화장실에 모두 버려 버린다. 지갑에 있던 카드도 어떻게든지 이용해 분실자에게 손해를 보게 하는 경우가 많이 있다. 그러나 나는 두 번 모두 아무 탈 없이 지갑을 무사히 찾게 되어 많은 시간 낭비와 헛된 일을 줄일 수 있었다. 참으로 고마운 분들이셨다. 앞으로 이러한 분들이 많이 나와서 애타는 사람들의 가슴을 놓이게 하고 명랑한 사회를 이룰 수 있도록 나아갔으면 좋겠다.

기타로 바뀐 오토바이

— 제5회 월간 한올문학상 수필 부문 대상 수상작 (2016년 9월)

저녁 9시 톱뉴스에 "청소년들이 오토바이로 대로상에서 떼 지어 질주하는 모습이 방영된다. 배기통에서는 굉음이 펑펑 터지고 차량들을 앞질러 갈지(之) 자 모양으로 요리조리 흔들며 달리는 오토바이들이 매우 위험해 보인다. 지나가는 보행자들이 이런 광경에 까무러치게 놀라 한쪽으로 비켜서게 만드는 이들의 행동이 교통사고의 원인이 되고 있다"고 앵커가 해설한다.

이런 광경을 보고 있노라니, 오토바이를 사 달라고 조르던 막내아들이 생각난다. 그 아이가 중학교 2학년 때 아침에 출근하려는데 내 앞을 막고 저금통장을 내밀었다. 그러고는 "이 통장에 든 금액을 보태어 오토바이 한 대 사 주세요!" 하는 것이었다. 통장을 들여다보니 그동안 매월 받았던 용돈을 꼬박꼬박 저축해 쌓인 금액이 무려 60여만 원이나 됐다. 오토바이로 통학하려고 그러느냐고 물으니 "유치원에서부터 초등학교, 중학교에 쭉 같이 다닌 친구 다섯 명 중에 저만 오토바이가 없어서 일요일에 함께 행동하는데 외톨이가 돼요"라고 말했다. 이 말을 듣고 어떻게 설득해 막아야 할지 난감했다. 일단, 알았다고 대답하고 퇴근해 저녁에 엄마와 같이 상의해 결정하겠다고 한 다음 집을 나왔다.

그날 퇴근해 아들을 불러놓고 너만 오토바이가 없어서 친구들에게 위축감이 드는 모양인데 충분히 이해하나 오토바이 타는 것은 큰 위험이 따르므로 잘 생각해 보고 결정하자고 미뤘다. 그 후 매일같이 사 달라고 재촉하기에 오토바이를 타려면 먼저 헬멧 등 부속품부터 준비하자고 남대문시장으로 데리고 나왔다. 맨 먼저 튼튼한 가죽 장갑을 한 켤레 샀다. 그런 다음 오토바이 가격도 알아봤으나, 오늘은 가죽 장갑을 준비한 것으로 끝내고 다음에 사자고 하면서 남대문시장을 빠져나왔다.

그곳을 나오면서 다시 한번 물었다. "오토바이가 꼭 필요하느냐?" 대답이 없다. 우리 오랜만에 외출했으니 낙원동 악기상가에 가서 악기나 구경하고 가자고 이끌었다. 그러자 "악기를 고르면 바로 사 주실 거예요?" 했다. "물론이지 네가 원한다면 너의 취향에 맞는 악기를 지금 당장 사 주겠다"고 말했다. 낙원동 악기상가에는 피아노와 금관악기 등, 타악기와 가야금 등 우리 고유 악기와 꽹과리, 장구를 비롯한 농악기 등 모든 악기들이 다 모여 있었다. 아들은 이곳저곳을 둘러보더니 기타 판매점으로 들어갔다. 그러고는 통기타 하나를 골라 메고 기타줄을 퉁겨 보며 음률을 맞추어 보더니 "이것이 좋겠어요!" 했다. 그때 나는 아들에게 "오토바이는 이 기타로 대체하는 것이다"라고 말하면서 "앰프도 함께 사 줄 테니 열심히 배우라"고 했다. 생각지 못했던 앰프까지 사 주겠다는 나에게 고마워하며 마음이 흡족한 듯이 보였다. 그러나 내 제의를 받아들인 아들에게 오히려 고맙고 다행스럽게 생각됐다.

아들은 사춘기에 한창 들떠 있는 마음에 굉음을 내며 대로를 질주하는 오토바이족들이 몹시 부러웠던 모양이다. 기타를 사 가지고 집에

와서 시간 날 때마다 기타를 치며, 큰소리로 노래를 부르며 젊음을 발산하는 것이 귀엽게 보였다. 나는 아들에게 "오토바이보다는 성년이 되면 자동차 운전면허를 먼저 취득해 운전하라"고 일러 주었다. 네 말에 아들은 앞으로 이 기타로 열심히 연습하고 노래도 마음껏 부르며 집안 행사와 학교에 행사가 있을 때는 꼭 가지고 다니며 치겠다고 대답했다. 그때 아들은 반항이 한참 심했던 사춘기 시절을 겪고 있었다. 어떤 사람은 사춘기를 인생의 제2의 탄생기라고도 하는데 아들은 사춘기를 아버지가 내민 손을 붙잡고 극복한 것이다.

어려운 이 시기를 무사히 넘기고 공부를 하던 중 대학 2학년 때 운전면허를 취득했다. 그래서 아들에게 이제 군 징집 연령이 됐는데 앞으로 대학을 졸업하면 바로 군대에 입대해야 하는데 기왕 군 복무를 하려면 사병보다는 대학 시절 좀 더 노력해 ROTC 학사장교로 복무하는 것이 어떨는지 각오를 물었다. 대학 2학년 말에 모집 공고가 나와 응시해 합격했다. 대학 3~4학년 2년간 학업과 군사훈련 교육을 동시에 받고 졸업과 동시에 육군소위에 임관돼 그해 3월 1일 입대했다.

입대 후 군 특기 교육을 마치고 기갑부대 소대장으로 일선에 배치돼 근무 중 군 복무 1년 만에 첫 휴가를 나오면서 승용차를 몰고 집에 왔다. 중학교 때 오토바이 사려고 저축했던 금액과 군에서 받은 월급을 한 푼도 쓰지 않고 저축했다가 아버지가 말씀하신 대로 일찍 운전하려고 중고차를 구입해 휴가 나올 때 처음 타고 온 것이라고 했다. 그동안 소소한 것도 절약해 스스로 부모의 뜻을 따라주었던 것이 기특했다.

고민과 갈등의 사춘기 시절을 무사히 넘기고 자신의 정체성을 찾아 노력하며 사회의 일원으로 열심히 일하는 막내아들이 믿음직스럽고 성실함에 무한히 감사한다. 그때 오토바이 대신 샀던 기타는 지금도 소중히 여기는 악기라면서 기타줄을 힘껏 한번 튕겨보면서 보물처럼 아끼며 지금도 잘 사용하고 있다.

애증(愛憎)의 약방문(藥方文)

국민을 위하는 정치란 민주주의를 원칙으로 하는 의회정치로부터 나온다. 정치인들이 모여서 정당을 만들어 나랏일을 하고, 의안을 제시해 토론하고 합의된 사항을 채택한다. 민주주의국가에서는 정당정치로 집권하는 정당을 여당이라고 하고, 이에 반대하고 비판하는 정당을 야당이라고 하여 서로 견제하고 의안을 토론한다.

얼마 전 초등학교 때의 친구로부터 '청풍헌(淸風軒)에서'란 글을 받은 적이 있다. 내용을 보니 조선 왕정 시대에 사색당파 중 남인과 서인의 두 거두 간의 싸움 야사를 적은 글이었다. 너무나도 치열한 싸움이라 소개하고자 한다. 조선 시대 17대 효종 때의 일인 소위 예송(禮訟) 사건이 벌어진 일이다. 예송은 표면상으로는 매우 단순한 사건이다. 효종이 사망했을 때 계모인 자의대비의 복상기간(服喪期間)을 얼마로 하는 것이 예(禮)에 맞느냐 하는 것이 1차 예송이고, 그로부터 15년 후 효종의 비 인선왕후가 사망하자, 그의 시어머니인 자의대비의 복상기간을 얼마로 하는 것이 예에 맞느냐 하는 것이 2차 예송이다.

이런 복상기간의 문제를 놓고 조선조 현종 즉위 초에 시작해 숙종 때 우암 송시열이 유배될 때까지 15년이라는 장구한 기간 서인과 남인 간의 당파 싸움으로 서인의 거두 우암 송시열과 남인의 거두 미수 허목이 예송에 대해 권력을 장악하기 위한 예송 사건으로 추악한 당파 싸움이 치열해 장기간 국론을 분열하고 소모했다. 남인의 거두 허목이 자의대비 복상기간을 3년으로 하는 것이 예에 합당하다고 주장하면서, 서인의 거두 우암 송시열은 효종의 왕통에 대한 정통성을 훼손했으니 역모로 다스려야 한다는 상소를 올려 예송이 그치지 않고 다시 계속됐다.

1차 예송이 있은 지 15년이 지난 현종 15년에 효종의 비 인선왕후가 사망하자 시어머니가 되는 자의대비의 복상기간이 다시 문제되어 2차 예송이 벌어졌다. 2차 예송에서도 우암 송시열과 미수 허목은 1차 예송과 같은 논리로 자의대비의 복상기간을 우암은 9개월(대공설)을, 미수는 1년(기년설)을 각 주장했다. 우암의 막강한 세력을 못마땅하게 여긴 현종은 이번에는 남인의 손을 들어줘 2차 예송은 남인의 승리로 끝났다. 2차 예송에서 패배로 권좌에서 밀려난 우암 송시열은 덕원으로 유배됐고 그의 모든 관직과 직위는 삭탈 됐다. 우암 송시열과 미수 허목은 서로 당파가 다른 정적으로서 서로가 역모를 일으키고 있다고 상소를 올려 결과에 따라 유배를 떠나야 했다. 두 거목이 생사를 걸고 첨예하게 대립하던 예송이 계속되고 있던 때의 일이다.

우암 송시열이 중병이 들어 백약이 무효해 병고에 시달리고 있을 때 정적인 미수에게 아들을 보내어 약을 처방해 줄 것을 청했다. 당시 미수는 의술이 뛰어났고, 그의 심오한 도가사상은 도인의 경지에 이르게 됐다. 미수는 우암의 아들로부터 병중에 대해 소상히 들은 후 별말 없이 약방문을 써 주었다. 우암이 왕통을 훼손했으니 역모로 다스려 사시해야 한다고 주장하던 미수 허목이 약방문을 적어서 정적인 우암 송시열에게 보냈다. 그 약방문에는 적은 양으로도 살생할 수 있는 극약인 비상이 들어 있었다. 우암을 따르는 서인들은 그 약방문으로 인해 발칵 뒤집혔다. 미수 허목이 정적인 우암을 죽이려고 극약이든 비상을 처방해 보내왔으니 절대 먹어서는 안 된다고 만류했다. 아무 말 없이 주위 사람들의 말을 듣고 있던 우암 송시열은 미수가 보낸 약방문대로 약을 지어 오라고 해 그 약을 달여 먹었다. 그 후 우암의 병은 완치가 됐다.

병이 나은 우암 송시열은 원기를 회복해 다시 미수 허목과 싸움을 계속했다는 일화가 전해지고 있다. 서로 정적으로 싸움을 계속하면서 죽일 수도 있었지만, 서로 간의 인품을 믿고 처방해 준 미수 허목이나 위험한 극약이든 약이든 먹는 우암이나 목숨을 걸고 싸우긴 했지만, 서로 간의 상대가 있어야 싸움이 되기 때문에 애증이 얽힌 거목다운 배짱과 신뢰가 있었기 때문이다. 예송에서 그들의 신념을 위해 생명을 걸었지만, 그것은 결코 쉽게 할 수 있는 일이 아니다. 신념에 충실했던 한 인간으로서의 그들의 삶은 숭고한 것이라 할 것이다.

우암은 세자 책봉 문제로 숙종의 미움을 받아 제주도로 유배를 간 후 국문을 받기 위해 서울로 압송하던 중 정읍에서 사약을 받고 "나는 하늘을 우러러 한 점의 부끄럼이 없다"라는 마지막 말을 남긴 채 사약을 마시고 83세의 나이로 그의 꿈과 좌절이 점철된 파란만장한 생애를 마쳤다. 우암과 미수는 모두 성리학자이며 예학의 대가들이었다. 그들은 추구하는 예학을 실천하기 위해 서로 간의 목숨을 걸고 싸웠던 상대로, 서로 간의 당파 싸움으로 볼 수 있지만, 두 거물의 학자적 신념으로 인한 갈등과 애증의 결과이지만, 우암은 적이지만 미수의 인품을 신뢰한 대인이며, 치열하게 싸운 적에게 약방문을 처방해 준 미수의 인간애는 지고한 사랑의 귀감이라 할 것이다. 이제 그들은 가고 없지만 오늘날 그들이 추구했던 신념과 인간애가 남긴 여운은 벅찬 감동이 되어 아직도 우리들의 마음속에 살아 있어 우암의 곧은 인품과 적까지도 사랑할 수 있는 미수의 따뜻한 마음이 그리워진다. 두 거목의 신념에 찬 싸움 이야기를 청풍헌에 담아 전해 준 친구에게 감사함을 전한다.

청빈한 선비의 백비

관공서에서 민원서류를 신청할 때 도착한 순서대로 번호표를 뽑아서 대기했다가 번호 순서대로 일을 보고 마친다. 참으로 편리하고 시간을 허비하지 않고 일을 볼 수 있어 다행으로 생각한다. 번호표가 생기기 전에는 관공서나 특히 은행에 돈을 입출금하기 위해 많은 사람이 한 줄로 서서 자기 차례를 기다리며 오래도록 서서 기다리다 간혹 새치기하는 염치없는 사람이 끼어들어 시비가 붙어 싸우며 떠들면 얼마나 불편했는지 경험했을 것이다. 작은 기계의 발명으로 많은 사람이 신속하고 편리함을 몸소 체험하는 과학의 힘이 대단하다는 것을 느끼고 있다.

관공서에서는 국가업무를 다루는 민원인을 상대할 때 항상 깨끗하고 올바른 행동을 하도록 강조하고 있다. 그러나 인간이 생활하는 곳에는 언제나 자기만 빠르고 편리하게 하기 위해 부정부패를 일삼는 불법행위를 하는 사람이 있기 마련이다. 이러한 일을 없애기 위해 관공서에서는 계몽을 통해 질서를 바로잡고 있으나, 아직도 이러한 일의 유혹에 빠져 소소한 금품이나 물품에 현혹돼 잠시 잘못된 판단으로 누를 범하는 공직자들이 과거에는 있었다.

이러한 일을 방지하고 감시하기 위해 국가에는 감사기관인 감사원이 있고, 사회의 각 회사에도 감사실이 있어 부정부패를 막기 위한 업무를 맡아 처리하고 있다. 그러함에도 어떤 때에는 이를 넘어 크나큰 사건이 일어나기도 한다. 우리나라는 1960년대 초에 부정부패가 극도에 달해 학생들이 시위하며 일어났던 것이 4 · 19 혁명으로 드디어 대통령이 하야하는 사태가 일어나고 정권이 바뀌기까지 했다. 이듬해는 5 · 16 사태까지 일어나 부정부패를 뿌리 뽑기 위해 각종 활동을 하며 시작한 것이 새마을운동이었다. 이 운동이 전개돼 도시, 농촌 간의 화합으로 새마을사업이 이뤄져 살기 좋은 깨끗한 마을로 전환됐고, 외국에서까지도 이를 배우기 위해 찾아온 교육생들이 많았다.

이러한 새로운 정신으로 탈바꿈해 새마을사업이 잘 이뤄지기 위해 공무원들의 깨끗한 마음과 봉사정신을 기르기 위한 많은 교육을 시켜왔다. 근래에 감사원이 선정한 조선조 청백리 218명 중 세 분의 청백리를 선정해 이분들의 봉사와 선비정신을 본받도록 한 바 있다. 조선시대 3대 청백리로 선정된 분은 명종 때의 명신 아곡 박수량(朴守良), 세종 때의 영의정을 지낸 황희(黃喜), 세종 때의 우의정, 좌의정을 지낸 고불 맹사성(孟思成) 등 세명을 꼽았다.

이 가운데 박수량(1491~1554년)은 우리 고향 장성 출신으로 장성군 황룡면 아곡리가 고향이다. 호는 마을 이름을 따서 아곡(莪谷)이라 했고 시호는 정해공이다. 중종 9년 24세에 급제해 고부, 보성군수를 시작으로 그 후 예조, 공조, 호조, 형조참판을 지냈고, 한성판윤과 호조판서 등을 역임, 39년간을 봉직하면서 사명에 충실했을 뿐만 아니라 명예와 재물에는 아무런 욕심이 없어 변변한 집 한 채 마련하지 못하고 돌아가셨을 때는 선산이 있는 장성으로 내려올 장례비가 없을 정도로 청렴한 생활을 했다.

죽음에 이르러 두 아들에게 당부하기를 "내가 죽으면 절대로 시호를 청하거나 비를 세우지 말라"는 유언을 남겼다. 이에 명종이 크게 감동해 서해 암석을 골라 비를 하사하시며 "비문을 새기다 그 청백함에 누를 끼칠 가 염려돼 비문 없는 비를 세우라" 명하심에 따라 백비(전라남도 기념물 제193호)가 세워졌다. 공직 재직 시에는 국록을 받아 청빈한 생활을 해온 청백리로서 사리사욕을 전혀 내지 않은 관리로서 유명했다. 비석에 글을 쓰지 않은 이유는 묘소 입구에 다음과 같은 이유를 써 놓았다.

백비

박수량의 청백을 알면서 빗돌에다 새삼스럽게
그가 청백했던 생활상을 쓴다는 것은
오히려 그의 청렴을 잘못 아는 결과가
될지 모르니 비문 없이 그대로 세우라

— 명종 임금

또한 시호를 청하지 말라는 유언을 했는데, 시호가 내린 것은 박수량의 사후인 1805년(순조 5년)에 그의 청백을 알고 순조 임금이 내린 것이다. 지금도 이 박수량의 백비는 전국의 관료들에게 널리 알려진 청빈의 의미로서 장성군청의 출입구 앞 묘소에 세워진 비와 똑같은 모양의 백비를 세워 놓고 모든 공무원이 그의 청빈함을 실천할 수 있도록 했다. 장성군에서는 이를 계기로 전국의 공무원들을 상대로 청렴교육을 필암서원을 비롯해 아곡 박수량 묘지의 백비를 관찰하는 현장교육을 실시함으로써 전국의 많은 공무원으로부터 찬사를 받았다.

내 고장 문불여장성(文不如長城)의 선비정신을 깨우치기 위해 2013년에는 산림청과 장성군이 합동으로 전국의 지방자치체 단체장들을 모두 초청해 '피톤치드'의 고장 '축령산'에서 1박 2일 코스의 일정으로 맑은 공기를 마시며, 체력증진과 아곡 박수량의 백비정신을 고취시키기 위해 교육을 실시해 많은 성과를 거두고, 교육받은 지자체 단체장들로부터 감사와 고마움의 찬사가 많이 왔다고 한다. 우리 장성군민들은 군청청사 앞에 세워진 청빈한 선비의 백비의 의미를 다시 한번 알리고 투명한 행정으로 밝고 깨끗한 우리 장성군민임을 자부하면서, 국민은 누구나 행복하게 잘 살기 위해 모두 열심히 노력하면서 일하고 있다는 것을 일깨워 주는 계기가 되고 있다.

아버지 세대의 농사법

우리나라는 원래 농업을 주업으로 생활해 온 농업국가이다. 그러나 지금은 2015년 통계에 의하면 전체 인구의 7%만이 농업에 종사하고 있다. 그중에서도 97%는 관행 농업을 하고 친환경 농법으로 농사짓는 사람은 3% 정도밖에 안 된다고 한다. 우리나라 전체 인구 중 약 260만 명만이 농업에 종사하고 있다.

어렸을 때 우리 집의 농사는 대농(大農)으로 수작업에 의한 원시 농사를 지었다. 집에는 농사를 전담하는 머슴 한 명이 있었다. 머슴은 우리 집 농사를 일 년 동안 전담해 짓고 벼로 새경이란 대가를 받아 살았다. 지금은 기계화돼 모든 농사를 기계로 짓고 있지만, 당시에는 소가 이끄는 쟁기와 벼를 베는 낫과 벼를 훑어 내는 홀태, 볏짚을 날려 없애는 풍구(風具)가 농기구의 전부였다. 그래서 머슴과 쟁기질을 하고 운반을 전담하는 소의 고생이 이루 말할 수 없었다. 봄이면 볍씨를 뿌려 못자리를 만들고 논갈이를 해 두는데 써레질을 해서 논바닥을 평평하게 고른 다음 모내기를 했다.

동네에서 품앗이로 모를 심는데 논바닥 양쪽에서 못줄을 잡아 주면 못줄에 따라 모를 꽂아 심으면 일렬로 똑바로 심어졌다. 모가 자라면 논바닥을 손으로 주물러 흙을 부드럽게 만들고 피와 풀을 뽑아내고 산소 공급이 잘되도록 벼가 빨리 성장할 수 있게 했다. 논바닥에 엎드려 손으로 흙을 주무를 때 바닥에서 올라오는 더운 훈김과 내리쬐는 뜨거운 햇볕에 숨이 턱턱 막혔다.

농부들은 여름의 농사를 위해 새벽 동이 틀 무렵이면 소를 끌고 논으로 나간다. 더워지기 전에 일찍 일을 마치고 집에 들어온다. 벼는 잘 자라서 벼꽃이 피고 벼가 여물어 익기 시작한다. 논바닥이 마르지 않고 촉촉해야 벼가 잘 여문다. 여름에 잘 자란 벼는 가을로 접어들면 누렇게 익어 들판이 황금벌판으로 변한다. 10월 말경부터 11월 사이에 벼베기를 한다. 이렇게 생산된 벼는 정미소에서 탈곡해 쌀이 됐다. 이 쌀을 현금화해 생활비를 충당하고 자녀들의 학비로 쓰며 일 년간 살아간다. 내가 중·고교 다닐 때는 농번기 방학이 있어 모내기와 벼 베기 때 학생들을 동원해 학교 부근의 논에서 봉사를 했다. 이때 학생들이 점심을 가장 많이 기다렸다. 하얀 쌀밥에 갓 담근 무생채의 맛은 잊을 수 없다. 논에서 일할 때 샛밥을 먹었는데 지금은 논에서 전화로 커피와 피자도 주문해 새참으로 대체하는 신식 새참이 생겼다. 베어낸 벼는 논바닥에서 타작을 한다.

옛날에는 모두가 수작업으로 홀태로 훑어 내기 때문에 더디고 시간이 오래 걸렸다. 모두 훑어 낸 벼를 가마니에 담아 얼마나 되는지 셈했다. 한 마지기(200평) 당 몇 가마가 생산됐는지 수확량을 측정해 풍년인지 아닌지를 가려냈다. 농사일을 담당한 머슴은 주인으로부터 약정된 일 년의 새경을 받았다. 착실한 머슴은 잘 저축했다가 신붓감이 생기면 결혼해 살림을 차렸다. 겨울철 농한기를 맞아 사랑방에서 다른 머슴들과 놀음으로 일 년 동안 고생해 번 새경을 모두 날려 버리고 허황된 생활을 하는 머슴도 있었다.

지금은 과학의 발달로 새로운 영농기술과 발명된 농기구로 농사를 지음으로써 농부들의 힘을 덜 수 있게 됐다. 새로 발명된 트랙터로 모를 심고 가을에는 벼 타작도 하는데, 자동으로 탈곡돼 포장까지 되어 나오고 있다. 볏짚은 자동으로 묶여 나와 일정량으로 하얀 비닐로 포장된다. 이것은 소의 사료로 쓰이기도 하고, 때로는 수출도 된다고 한다.

농기구의 발달과 개량으로 지금은 참으로 편리하게 농사지을 수 있다. 그러나 우리 부모님 세대들은 이런 문명의 혜택을 전혀 받지 못했다. 본인이 가지고 있는 노동력만으로 일 년 농사를 힘들게 지어냈던 것이다. 힘들게 농사를 지으셨던 부모님께 항상 감사한 마음을 잊어서는 안 될 것이다. 이제 새로운 농기계로 편하게 농사를 지으시며 편안하게 여생을 보내실 수 있도록 자녀들은 관심을 갖고 보살펴드려야 하지 않을까!

그리움의 고향

며칠 있으면 고향이 그리워지는 설이 돌아온다. 올 설 무렵은 추위가 맹위를 떨쳤어도 벌써부터 고향에 내려갈 생각에 모두가 그날이 오기만을 기다리고 있다. 보고 싶어 하다, 막상 가 보면 허탈한 생각에 힘이 빠지는 우리 실향민은 휴일이 다가와도 반갑지 않다. 이유는 정부 시책에 의해 1973년도에 장성댐이 만들어져 내 고향 땅 면 전체가 수몰돼 행정구역마저 없어진 면(面)이 되어 버렸기 때문이다.

조상 대대로 내려온 고향 땅의 문전옥답을 버리고 떠나와야 했던 수몰민의 심정을 누가 알아주겠는가. 요즘 같으면 반대 시위라도 해서 버텨 봤겠지만, 당시의 순진한 농민들은 정부에서 시키는 대로 맨몸 상태로 떠나 전국 각지로 살 곳을 찾아다녀야만 했다. 시골에 내려가면 어디 가서 쉴 곳도 없고, 잠잘 곳도 없는 고향 땅이 됐다. 그렇지만 부모님이 누워 계시는 산소가 있기에 일 년에 몇 번 내려간다. 부모님 산소에 인사드리고 올라오는 일밖에 없지만 늘 가고 싶은 고향 땅이다.

언제인가는 우리 부부가 고향에 내려가 부모님 산소에 인사드리고 나오니 어디서 쉴 곳이 없어 수몰된 고향 땅 '댐' 가운데만 응시하다 돌아온 적이 있었다. 이래서는 안 되겠다 싶어 흩어진 향우들을 모이게 해서 무슨 방법을 취하자고 결의해 향우회를 결성하고 고향 수몰민을 위한 수몰관을 만들자는 의견을 모아, 전국에 흩어진 향우들에게 호소해 수몰관 건립 기금을 모금했다. 그리해서 현 쌍웅리 위치에 소재한 북상 우체국 앞에 기공한 지 일 년 만에 북상수몰문화관을 준공했다.

수몰관은 다시 고향을 찾아온 실향민을 위해 현대식 시설로 설계했다. 3층은 방마다 취사를 하며 편히 쉬면서 숙박할 수 있는 안식처를 만들었다. 2층은 향우들이 모이면 회의할 수 있는 대형 회의실과 면민 사무실을 꾸몄다. 그리고 4층 옥상에는 수몰되기 전 고향 땅을 바라보도록 전망대를 만들어 놓았다. 그렇지만 '댐' 가운데 가득 찬 물밖에는 아무것도 보이지 않았다. 물 위를 바라보니 어릴 때 뛰놀던 우리 집의 기억과 학교에서 뛰어다녔던 추억이 떠올랐다. 동네 어귀 냇가의 돌다리를 건넜던 일, 친구들과 올라가 뛰어놀던 뒷동산이 생생히 떠올랐다.

내 고향은 현재 전국의 각 지방자치 단체 중 공기 오염도가 가장 적게 나온 곳으로 유명하다. 고향 주변에 피톤치드의 치유산인 축령산이 가까이 있다. 그리고 조계종 18교구인 백양사가 바로 옆에 있다. 백양사에는 백암산에서 내려오는 물줄기에서 호수가 된 곳 위에 쌍계루란 누각이 세워져 있다. 이 누각에는 고려 시대의 포은(圃隱) 정몽주(鄭夢周), 목은(牧隱) 이색(李穡) 등과 조선 시대의 개국공신 삼봉(三峰) 정도전(鄭道傳) 등 선인들의 시(詩)가 걸려 있다.

또한 영의정을 지낸 아계(鵝溪) 이산해(李山海), 성리학자이시며 저의 15대 선조이신 하서(河西) 김인후(金麟厚), 면앙정(俛仰亭) 송순(宋純) 등 유학자의 시 편액이 걸려 있는 곳에 저의 선친이신 운강(雲岡) 김상철(金相喆) 님의 시(詩)인 「경차(敬次)」가 6 · 25 한국전쟁 당시 쌍계루의 화재로 모두 잿더미가 됐다.

1980년도에 전라남도지사의 배려로 영인본(影印本)을 만들어 대부분 복원시켰으나 불행히도 선친의 작품은 누락돼 걸어 놓지 못해 불효된 마음 한량없었으나, 어떻게든지 복원해 제자리에 편액(偏額) 시켜야 한다는 자식 된 도리의 신념으로 갖은 방법을 다했으나 할 수 없었다. 그러나 2016년도에 나의 수필집 『아버지의 연상(硯箱)』을 출판해 이 수필집을 저의 호소문과 함께 조계종 18교구인 백양사 방장으로 계신 지선 대종사님께 보내드렸던 바 바로 만나자고 전화를 주셔서 방장스님을 대신한 백양사 총무 담당 스님이신 화진 스님을 만나서 방장스님이 허락했다고 했다. 하루속히 작품을 제작해 걸어 놓도록 반가운 소식을 줘 바로 서울로 상경해 인사동을 뒤져서 문화재 복원하시는 분을 찾아 작품을 맡겨 한 달 만에 복원했다.

그해 7월 20일 완성품을 가지고 백양사에 도착해 쌍계루에 복원해 편액을 하고 나니 이제는 자식 된 도리를 조금은 한 듯해 마음이 조금은 진정된 듯했다. 쌍계루 화재가 난 이후 반세기가 넘은 만 66년 만에 복원한 것이다. 서울로 올라오는 길에 부모님 산소에 들러 복원한 사본을 산소 제단 위에 올려놓고 아버지께 복원된 경과 말씀을 올렸다. 이곳 쌍계루는 관광객들의 시선을 끌고 있는 곳으로 문화재 해설사들의 해설이 자주 있는 곳이다. 그래서 나는 우리 고향 문화재 해설사님들께 쌍계루에 선인들의 시를 해설할 때 고려 시대 정몽주 님의 시만 해설하지 말고, 우리 고장 장성의 선인들의 시(詩)도 많이 있으므로 우리 선인들의 작품을 해설하면 우리 고장을 더욱 빛낼 수 있어 장성 출신 선인들의 작품 해설을 건의하기도 했다.

장성군에서는 수몰된 '댐'을 살리기 위해 호수로 정하고 이곳에서 전국체전을 시행하고 있다. 또한 군(郡)에서는 장성호(장성댐) 선착장과 북이면 수성리를 잇는 트레킹길을 만들었다. 1977년에 국민관광지로 지정돼 경관이 뛰어난 장성호의 명물이 됐다. 선착장에서부터 7.5㎞ 길이의 트레킹길이 산길과 호반(호수를 낀) 길을 장성호 수변 데크 갓길을 조성해 함께 걸을 수 있도록 조성해 금년 북하면 상류 백양사 입구까지 완공해 숲과 호수의 정취를 동시에 느낄 수 있는 매력이 있는 호수 트레킹길을 조성하고 있다. 보통 걸음으로 2시간 40분이면 전체 구간을 돌아볼 수 있다. 이 길의 백미(白眉)는 호숫가를 따라 설치된 1.23㎞의 나무 데크길이다. 옛집은 수몰돼 없어졌지만, 주변 산하를 이렇게 관광지로 만들어 놓아 그리움의 고향으로 만들어진 것이 얼마나 다행한 일인지 모른다. 어릴 적 자랄 때 느낌과 지금의 댐과 호수로 변한 내 고향의 정취를 우리 실향민들은 고향을 추억으로 남아 있으나 내 어릴 적 고향을 잊지 않을 것이다.

아름다운 장성호 수변 데크길

2017년 11월 12일 나는 아내와 함께 고향을 방문하기 위해 새벽에 전세 버스에 올랐다. 매년 11월이면 향우회에서는 맑은 가을 하늘을 보며 고향에 내려가 황룡강을 중심으로 펼쳐진 노랑꽃으로 장식한 장성군의 상징인 'Yellow City' 고향을 돌아보고 조금이라도 고향 주민들을 돕기 위해 주민들이 생산한 친환경농산물을 구입했다.

작년부터 군의 역점사업으로 추진한 '장성호' 수변 갓길의 트레킹 코스길에 '나무 데크길'을 공사한 곳을 직접 걸어 보기 위해 많은 향우들이 동참했다. 관광버스로 3시간을 달려 장성댐 수문 앞에 도착하니 군수와 관계 공무원들이 미리 마중 나와 있었다. 나 역시 군수와 반가운 해우를 하고 '나무 데크길'로 걸어가는데 "길승 선생!"하고 부르며 금년에 어렵게 예산을 확보해 장성댐 호숫가 수변 '데크길'을 댐 수문에서부터 백양사 입구 상류까지 완성시키고자 공사를 하는 중이라고 말했다.

내 고향 면은 호수 속에 잠겨 있으나 향우들은 조금이라도 향수를 느껴 보기 위해 호수 주위의 산과 댐을 보며 거닐었다. 트레킹길은 고향이 물속에 잠긴 수몰된 사람들을 위해 군(郡) 사업으로 신경을 써서 '나무 데크길'을 건설 중이다. 댐 서쪽의 산은 수변에 '데크길'을 조성해서 고향의 물에 손을 씻으면서 걸을 수 있도록 만들었고, 동쪽의 산은 임도(林道)를 만들어 성묘할 수 있도록 길을 내었다.

수변길의 큰 특징은 산길과 호반길을 함께 걸을 수 있도록 조성해 숲과 호수의 정취를 동시에 느낄 수 있고, 주위 경관이 아주 아름다워 1977년 국민관광지로 지정돼 '장성호'의 명소로 알려졌다. 총길이 7.5㎞의 트레킹길은 산과 호수를 낀 호반 길로 걸을 수 있어 기분을 상쾌하게 하는 매력적인 둘레길이 됐다. 장성호수 전체 주변 둘레길은 보통 걸음으로 왕복 2시간 40분이면 호수 상류 백양사 입구까지 돌아볼 수 있도록 걷기 편한 코스로 동호회원과 가족은 물론이고, 연인과 함께 걷기에 매우 좋은 트레킹길로 '나무 데크길'을 나 자신이 직접 걸어 보니 발걸음이 아주 편안했다. 장성호 수변길의 가장 뛰어난 것은 호숫가를 따라 세운 1.23㎞ 길이의 '나무 데크길'과 호숫가의 가파른 절벽을 따라 세운 '데크' 다리이다. 한 폭의 그림처럼 아름다운 '장성호'의 수려한 경관을 한눈에 볼 수 있는, 중간중간 지점에 휴게소를 설치해 놓아 쉬면서 간식도 먹고 사진 촬영도 하면서 호수 위에서 훈련하는 조정 경기 선수와 수상스키 타는 모습을 볼 수 있어 주위 경관이 매우 아름답게 보이는 곳이다.

'데크길'을 걷다 보면 다리 한쪽에선 나뭇잎끼리 스치는 소리와 다른 한쪽에서는 호수의 물이 절벽을 때리는 소리를 들을 수 있는 힐링의 최적지이다. 우리나라의 호수에 '수변 갓길'을 만든 곳이 몇 군데 있다. 그중에서 이름난 곳은 충북 괴산의 '괴산 산막이옛길'과 경기 포천의 '산정호수의 수변 갓길'이 유명하다. '괴산 산막이옛길'은 호수를 따라 수변길을 냈으나 둘레길이 많고 '나무 데크길'의 거리가 짧다. 또한 '산정호수의 수변 갓길'은 '나무 데크길'로 만들어졌으나 폭이 좁아 둘

이서 나란히 걸을 수 없다. 그러나 장성호수 '나무 데크길'은 두 사람이 나란히 걸을 만큼 폭이 넓어 연인들이 걷기에 아주 좋게 만들었다. 장성호 수변길 7.5㎞ 트레킹길 중 현재 6.7㎞를 완성했고, 올해 안으로 상류 백양사 입구까지 완공할 예정이다. 걷다가 운이 좋으면 도토리를 먹고 사는 다람쥐를 비롯한 다른 산짐승도 다니는 것을 볼 수 있다.

금년 4월까지 준공을 목표로 장성호의 아름다움을 보다 가까이서 즐길 수 있도록 156m 길이의 '출렁다리'를 건설 중에 있는데, 이 다리가 완공되면 '나무 데크길'과 함께 장성호를 대표하는 명소의 명물이 될 것으로 기대하고 있다. 장성호는 매년 전국체전 때 조정 경기를 하는 새로운 장소로 종전의 미사리경기장보다 주변 환경이 좋고 호수 물결이 잔잔해 선수들이 아주 좋아하는 장소라고 칭찬이 자자하다.

장성군 전체의 빈 공간에는 노랑꽃으로 장식 환경을 바꿔서 'Yellow City' 농촌 도시로 만들어 대한민국 친환경 경영 대상을 3년째 연속 수상해 명성을 날리는 군이 된 것은 군수 이하 군 직원 모두가 합심하고 군민이 호응해 열심히 노력했기 때문이다. 장성호수와 축령산이 있는 장성군은 전국에서 가장 맑은 공기를 마실 수 있는 힐링의 농촌 도시로 인정받아 많은 관광객이 찾아오고 있다. 작년 가을 장성의 노랑꽃 축제 기간에 이곳을 찾은 관광객이 100만 명이 넘게 다녀갔다는 소식이 종합 뉴스 시간에 발표됐다.

장성호수 옆 가까이에는 '피톤치드' 산소를 마실 수 있는 축령산 휴양림과 아기단풍으로 유명한 백양사가 있고, 여름에 더위를 식힐 수 있는 남창 계곡이 가까이 있어 시원한 여름을 보낼 수 있다. 〈태백산맥〉과 〈내 마음의 풍금〉을 촬영한 금곡영화마을과 임권택 감독의 시네마타운이 장성호수 상류 주위에 조각공원과 함께 잘 조성돼있어 관광하기에 좋다. '입암산성'도 수몰 지역 주변에 있는 관광지로 장성호 수변길을 따라 걸으면서 내 고향의 향수에 젖었다. 우리 부부는 이번 고향 방문길을 마치고 수몰관 야외 공연장에서 늦은 점심을 600여 명과 함께하고, 고향을 뒤로하고 서울로 출발했다. 오늘의 고향 방문이 장성호의 명물인 수변 '데크길'이 오래도록 추억에 남아 잊히지 않을 것이며, 공사를 지휘하신 군수 이하 군 직원 여러분과 기술자 여러분의 노고에 감사드린다.

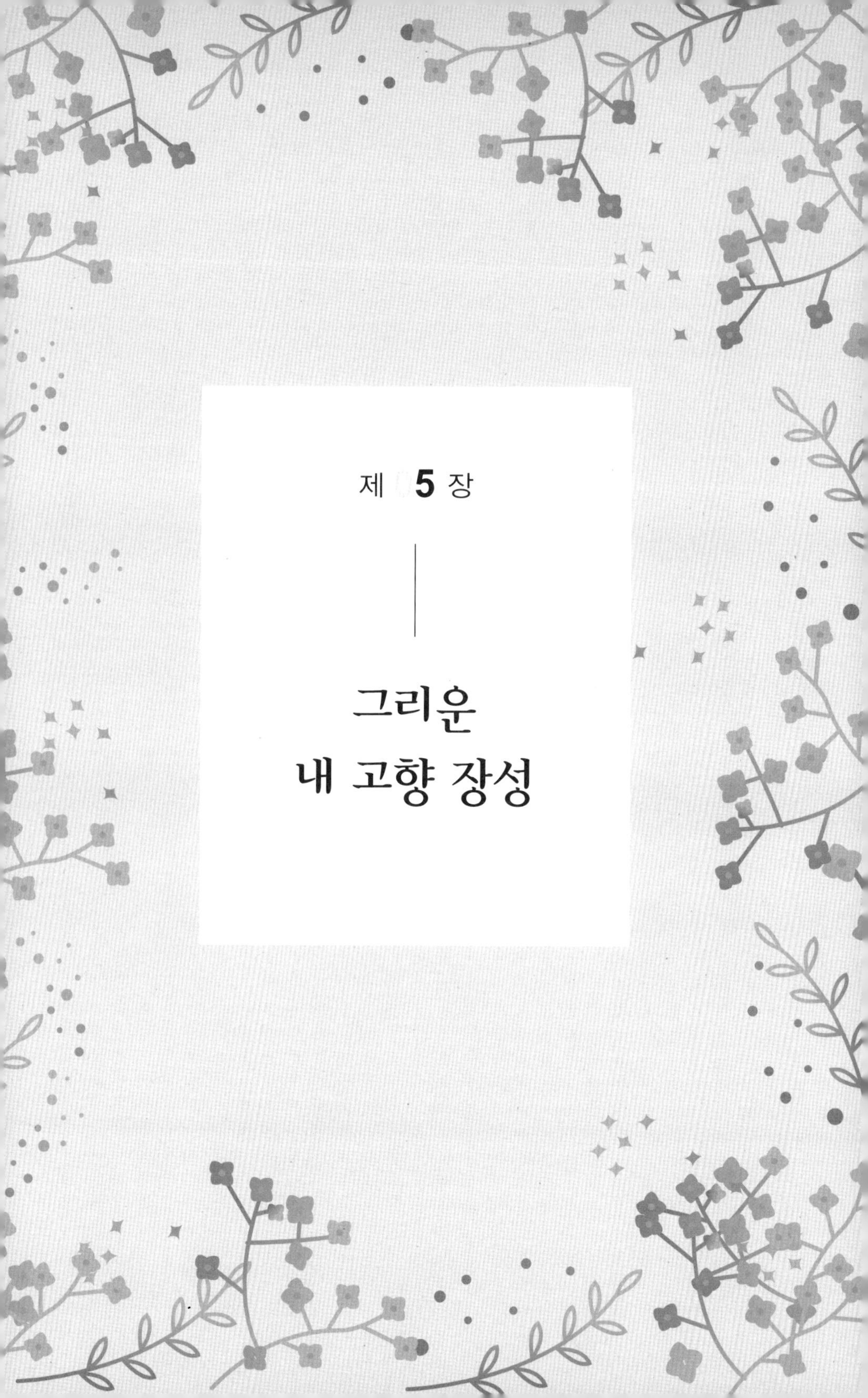

제 5 장

그리운 내 고향 장성

가슴으로 낳은 자식

내 고향에 사는 Y라는 시인은 두 자녀를 성실히 키우고 가르쳐서 어엿한 대학생 남매를 둔 아름다운 마음씨의 여인이다. 그는 오늘도 이번 주말에 아이들이 모두 집에 내려올까 기다리고 있다. 집을 떠나 객지로 나간 후 주말에는 언제나 온 가족이 한자리에 모이기 때문이다. 아이들이 대학생이 되어 큰아이는 인천에서 작은아이는 서울에서 학교에 다니고, 남편은 광주에 직장이 있기에 모두 집을 떠나 있어 주말에는 언제나 네 가족이 함께 모여 저녁 식사를 한다. 그는 이웃의 젊은 여인이 어린 자식을 두고 세상을 떠나는 것을 보고 하늘에서나마 마음을 놓을 수 있도록 아이들이 곧게 자라는 모습을 보여 주고 싶었다고 했다.

이런 마음을 다짐한 것은 어느 날 예쁘장한 네 살짜리 아이가 와락 달려들어 두 손으로 목에 깍지를 끼고 두 발로 허리를 감싸며 엉겨 붙어 "이모가 우리 엄마 해 줄래?"라고 애원하던 날 그 말 한마디가 천둥소리같이 그의 가슴을 울렸다고 한다. 이날이 바로 Y 시인은 처음 선을 보는 날이었다. 어린 남매가 얼마나 엄마가 그리웠으면 이런 말을 했을까 하는 그 한마디가 머릿속에 계속 맴돌아 낚싯바늘에 꿰인 물고기처럼 이 아이들의 어머니가 되겠다고 결심하게 됐다고 한다. Y 시인은 내 고향 문인협회 사무국장과 문화관광해설사로 봉사하며 가정을 행복하게 잘 이끌어 가는 가정주부로서, 그는 이 가여운 어린 남매를 받아들였던 마음을 한 편의 시를 아래와 같이 잘 나타내고 있다.

네 살
꼬마가 다가와
"이모가 우리 엄마 해 줄래?" 했다
아빠랑 동생이랑
함께 살고프다고
"이모가 우리 엄마 해 줄래?" 했다
그 녀석 손아귀에
울컥 잡히고 말았다
"이모가 우리 엄마 해 줄래?"
그 한마디에

엄마를 잃은 어린것들이 의지할 곳이 없어 이모라고 부르면서 엉겨 붙어 "우리 엄마 해 줄래?"라고 애원했을 때 이 소리를 들은 Y 시인은 이 어린 남매를 뿌리치지 못하고 어머니가 됐던 것이다. 어린 남매를 얻은 그는 바로 결혼해 두 아이를 온 정성을 다해 열심히 키우면서 가르쳤다. 남의 핏줄인 남매를 가슴으로 낳아 키우면서 자기 자식을 직접 낳지 않은 여자로서 자신에 대한 한과 아픔이 얼마나 많았겠는가? 그러나 이 어린것들을 사랑하는 마음으로 하나도 내색하지 않고 길러왔다. 남매를 대학에 합격시켜 놓고 이제는 성인이 된 두 아이에게 이 사실을 알려 주어야겠다고 몇 날, 몇 달을 눈물을 닦으며 고민했다고 한다. 하루는 남매를 불러 놓고 "내가 너희들을 낳은 친엄마가 아니다"라고 고백했을 때 세 식구가 부둥켜안고 밤새도록 울었다고 한다. 이

고민의 흔적이 그의 시집인『이모가 우리 엄마 해 줄래?』라는 시집에 상세하게 나타나 있다.

이러한 사실을 주위 친지들도 아무도 몰랐다. 그동안 모든 사실을 밝힐까도 했지만, 아이들이 마음에 상처를 받고 방황할까 봐 밝히지 못했다고 한다. 열두 번이나 이사를 다니면서도 어떠한 어려움을 한 번도 불평하지 않은 남매가 대견스럽고 자랑스러웠다. 자식들 앞에서 사실을 털어놓았을 때 친어머니가 아니라는 사실을 안 아들과 딸은 어머니 앞에 무릎을 꿇고 어머니를 끌어안으며 "엄마가 훌륭하고 감사하며 엄마가 불쌍하고 안쓰러워서 울면서, 그동안 베풀어주신 어머니의 큰 사랑으로 행복하게 살게 됐음을 신의 은혜로 믿고 감사드리며 밤새 한없이 울었다"고 했다.

이러한 Y 시인은 남매를 키우면서 있었던 모든 것들을 금년(2015년) 봄에『이모가 우리 엄마 해 줄래?』라는 시집으로 출간해 고향 군민회관에서 성대히 출판기념회를 열었다. 여기서 남매는 엄마의 시를 직접 낭송하며 한없이 뜨거운 감사의 눈물을 흘렸고, 훌륭하게 키워 준 엄마에게 자식들이 그 고마움에 더욱 열심히 공부해 기대에 어긋나지 않는 자식으로 부모님께 효성을 다해 모시겠다고 다짐했을 때 이곳에 모인 축하객 모두가 눈시울을 적셨다고 한다.

직접 낳아 기른 자식들이 말썽을 부리며 부모의 속을 썩이는 사람들도 많은데, 직접 낳지 않은 자식을 반듯하게 키워낸 Y 시인은 이 세상에서 보기 드문 장한 어머니임이 틀림없다. 대학생이 되어 어쩔 수 없이 객지로 떠난 자식들이 매 주말이면 어김없이 집으로 내려와 우리 집 네 가족은 언제나 웃음꽃이 피어나는 주말이 된다고 한다. 비록 친

엄마가 낳은 자식은 아니지만 길러 주시고 가르쳐 주신 부모님께 감사드린다. 내가 이러한 경우를 당했다면 각박한 현 사회에서 과연 이 어린 남매를 이렇게 훌륭하게 키울 수 있을까 하고 자문해 본다. 내 고향에 이렇게 훌륭한 분이 있다는 것이 영광스럽고 자랑스럽다. 항상 부지런하고 활발한 Y 시인의 가정에 행복이 항상 넘쳐 나오고 사랑스러운 남매의 앞날에 행운이 함께하기를 비는 바이다. 그는 오늘도 내 고향을 찾는 관광객들에게 문화관광해설을 위해 아침 일찍이 집을 나선다.

황룡강변의 고향 쌀

옐로우시티(Yellow City) 장성군이 내 고향이다. 황룡이 용트림하고 살았던 고장으로 시가지 중앙으로 흐르는 황룡강이 있다. 이 황룡강에서 용이 승천했다는 전설이 내려오는 황룡면이 있다. 황룡강이 흐르는 덕분에 이 물로 장성군 전체의 농사를 지을 수 있게 됐다. 여기서 생산되는 쌀은 아주 깨끗하고 품질이 좋기로 유명하다. 장성군에서는 이 고장에서 생산되는 쌀을 '365생쌀'이라고 이름 지었다. 이 쌀은 농협을 통해 전국적으로 판매하고 있다.

우리 집에서도 고향의 쌀 '365생쌀'을 먹기로 했다. 객지에서 사 먹는 쌀을 기왕이면 고향에서 생산되는 쌀을 사 먹으면 고향의 농민을 도울 수 있는 좋은 방법이라 생각했다. 그러던 차 2005년도에 농협중앙회에서 전국의 쌀 품평회를 개최하게 됐다. 전국의 중소도시의 농협에서 출품한 쌀이 100여 종이 넘었다. 그중에 고향인 장성농협에서도 '365생쌀'이 출품돼 이 품평회에서 10등 내에 입상돼 굉장히 기쁘게 애용하게 됐다. 얼마나 좋은 쌀이기에 10등 내에 입상했을까 하여 먹어 보기로 했다.

고향 쌀을 먹어 보니 역시 밥맛이 좋았다. 여주, 이천에서 생산한 경기미보다 나는 훨씬 밥맛이 좋았다. 옛날에 여주, 이천 쌀이 품질이 좋아 임금님 수라상에 올랐다는 것을 알고는 있었다. 나는 고향에서 생산된 '365생쌀'이 우리 가족 먹기에 아주 좋을 것 같아 먹기로 결심한 후 지금까지 2005년부터 만 13년 동안 고향 농협으로 신청해 애용하고 있다. 매년 한 해도 빠지지 않고 신청하고 있다. 내 고향 농민들의 피땀 어린 노고와 수고에 대한 대가로 농민이 아닌 네가 돕지 않으면 누가 도울까 하는 심정으로 고향을 사랑하는 나머지 계속 애용하게 됐다. 고향을 떠나와 객지에 나와 있는 우리들은 우리의 주식인 쌀을 어차피 사 먹어야 하는 처지에 고향의 농민을 생각하며 생산된 쌀을 애용해 먹는다면 고향을 돕고 농민을 위하는 서로가 좋은 일이다.

옛날부터 쌀은 가정의 제2화폐로 사용해 왔다. 전답을 사거나 집을 사고팔 때도 쌀을 도정하기 전 벼 몇 섬으로 계산해 거래를 했다. 우리들의 학비도 벼나 도정한 쌀로 가격을 쳐서 판매해 납부하기도 했다. 이렇게 제2화폐로 만들기까지의 농촌의 농민들은 그동안 얼마나 수고해서 만들어 내는지 모른다. 이른 봄 못자리부터 여름에 김매기를 해서 가을에 수확하고 도정해 쌀이 만들어지기까지 많은 고생을 참아 가며 생산하는 것이다. 이런 과정을 겪어 보고 아는 사람은 농민들의 노고를 알 것이다. 그러므로 나는 집에서 쌀 한 톨이라도 흘리면 기어이 주워 담고 소홀히 하지 않는다. 이 모두가 농민들의 노고에 보답하는 의미이기도 한다.

내 고향에는 큰 댐이 1973년도에 건설됐다. 이곳은 우리 집이 있었던 곳인데 집과 전답 모두가 댐 속으로 수몰됐다. 대(大)를 위해서 소(小)가 희생되는 수밖에 없었다. 호남지방의 농업용수를 대기 위해 댐을 만들 수밖에 없었던 것이다. 여기에 저수된 물로 호남지방의 농업용수를 전담한 것이다. 전에는 내 고향에서 발원돼 흐르는 황룡강물을 이용해 농사를 지었으나, 이 강물로는 물이 부족해 비우기(非雨期) 때 항상 물이 모자라 논이 메말라 있어 농사를 망쳐 버린 때가 많았다. 그러나 내 고향 '장성댐'을 건설한 후에는 저수량이 많아 호남평야의 농사철 물 대기는 충분하고도 남을 정도이다. 그래서 정부에서도 서둘러 댐을 공사했던 것이다.

비록 내가 살던 집과 동네는 수몰돼 없어지고 행정구역이 사라졌어도 '장성댐'을 보면 마음이 놓인다. 댐의 저수량이 충분해 호수가 되어 조정 경기와 수상스키 연습하는 것을 볼 수 있으며, 전국체전 조정 경기를 이곳에서 실시한다. 장성군(長城郡)에서는 댐 주변을 산 밑 댐 주위 수변길을 만들고 댐 제방으로부터 7.5㎞의 트레킹 코스길을 만들어 새가 지저귀는 숲과 호수가 된 댐의 나무 데크길로 1.2㎞의 길을 만들어 가족과 또는 연인과 함께 두 사람이 걸을 수 있게 트레킹하기에 좋게 만들었다. 최근에는 호수를 가로질러 1,000명이 함께 거닐 수 있는 옐로우 출렁다리를 설치해 수변길을 관찰할 수 있도록 트레킹 완주 시간을 단축해 주고 있다. '장성댐'은 댐과 호수를 동시에 수상스포츠와 평야에 농업용수를 대어 주는 두 가지 역할을 해 주는 명소가 된 것이다. 군(郡)에서는 장성군의 황룡강 줄기 꽃잔치에 전국의 관광객이 100만 명이 옐로우시티 축제에 참관했다. 금년도 꽃잔치에는 작년보다 더 효율적으로 운영해 관광객들에게 실망하지 않도록 최선의 서비스를 한다고 한다. 전국적으로 노랑꽃잔치 축제로 유명해진 장성군의 황룡강 물줄기에서 '장성댐' 물줄기를 받아 농사지어 생산된 '365생쌀'이 전국에서 제일 좋은 품질의 쌀이 되어 우리나라 국민 모두가 애용해 농민들이 활기찬 생활을 할 수 있도록 했으면 하는 마음이 간절하다.

그리운 내 고향 장성(長城)

'Yellow City'로 불린 장성군은 아름다운 자연과 문화가 공존하는 군(郡) 전체의 공간에 노랑꽃으로 장식돼 있다. 장성역에 내리면 우측에 '문불여장성(文不如長城)'이란 큰 비석이 세워져 있다. 선비의 고장이란 곳을 금방 알 수 있다.

첫째 명소는 대한팔경으로 불리는 백암산의 백양사가 있다. 이곳에는 백암산 골짜기에서 흘러내려온 물이 모여진 호수 위에 건축된 쌍계루(雙溪樓)가 있다. 여기에는 고려 시대 포은(圃隱) 정몽주(鄭夢周), 목은(牧隱) 이색(李穡)을 비롯해 조선 시대 삼봉(三峰) 정도전(鄭道傳), 필자의 15대조이신 하서(河西) 김인후(金麟厚) 등의 시(詩)와 글이 편액되어 있으며, 필자의 선친이 쓴 시(詩)「경차(敬次)」가 있어 더욱 애착이 가는 곳이다. 백양사는 하늘에서 흰 양이 내려왔다는 설로 노령산맥의 백암산 가인봉과 백학봉 사이 골짜기에 1300년 역사를 간직한 사찰이다. 백양사는 백제 무왕 때 세워진 사찰로 본래는 백암사라고 했다. 그런데 고승의 설법을 듣고 자신의 잘못을 깨달은 흰 양이 죄를 용서받고 다시 천상으로 올라갔다는 전설에 의해 그 후에 백양사라고 했다.

둘째 명소로는 축령산 휴양림이 유명하다. 전국 최대의 조림 성공지로 조림왕 독림가(篤林家)이신 춘원(春園) 임종국(林鐘國) 선생의 노력과 희생정신으로 가꾸어 일군 치유의 숲이다. 이웃 장성호와 축령산의 편백나무 숲이 오염되지 않은 공기를 유지해 주기 때문에 전국에서 공기가 가장 깨끗하고 맑은 공기의 산촌마을로 발표된 곳이다. 축령산의 편백나무에서 뿜어 나오는 '피톤치드'의 항균물질이 있어 이 산을 치유의 숲이라고 부른다. '피톤치드'는 식물을 의미하는 '피톤(Phyton)'과 살균력을 의미하는 '치드(Cide)'를 합성한 그리스어로 살균 작용을 한다. 그러므로 축령산에는 전국의 암 환자 및 일반 환자들이 이곳 축령산의 휴양림을 찾아와 치유하고 있다.

셋째 명소는 전남 들녘의 젖줄인 장성호를 꼽는다. 이곳은 전남 들녘의 가뭄 대책으로 1973년에 한국농어촌공사에서 시행한 전남의 농업용 희대의 '장성댐'이다. 댐 공사로 인해 이곳에 살던 주민 7,000여 명이 전국의 곳곳으로 뿔뿔이 흩어진 수몰 지역으로, 나 역시 이곳 수몰민 출신으로 가옥과 전답 모두가 물속으로 들어간 고향을 잃은 사람 중의 한 사람이다. 댐 공사로 인해 주위의 경관이 수려하고 댐의 물결이 잔잔해 호수로 변해, 경기도 하남경기장에서 실시하던 전국체전의 조정 경기를 이곳으로 옮겨 시행하고 있다. 댐 주위 산행길에는 군청(郡廳)에서 장성 호수변길 데크길을 만들어 주변의 수려함을 등산객들에게 알리고 더 편리하게 걸을 수 있게 함으로써 등산객의 칭찬이 대단하다. 그 옆에는 관광용 출렁다리를 만들어 등산객들이 환호해 걸어볼 만한 관광길이 됐다.

넷째 명소는 울창한 수림이 이어지는 남창계곡이 있다. 이 계곡의 물은 아름답고 시원한 물이 맑고 차갑기로 유명해 전국의 피서객들이 찾아와 한여름의 더위를 식히며 수박을 이 계곡물에 담갔다 먹는 시원한 맛은 더

할 나위가 없다. 냉장고에 넣었다 먹는 것보다 자연의 맛이 더 있다.

다섯 번째 명소는 장성읍에 있는 홍길동 생가가 있다. 홍길동은 실존 인물(연세대학교 설선경 명예교수 연구발표)로 장성군 황룡면 기산리 출신으로 호적도 남아 있다. 어렸을 적부터 총명하고 영리했으나, 서인 출신으로 관가에 나갈 수 없는 신분제도에 아버지를 아버지라 부를 수 없는 처지로 인격 차별 대우에 반발하고, 집을 나가 활빈당 당수가 되어 없는 사람들을 돕는 의적이 되어 있는 자들의 재산을 빼앗아 없는 자들을 돕는 의적 활동을 하다 체포됐다. 당시의 신분 차이로 어쩔 수 없는 비참한 생활을 하다 그의 인생을 마감했다는 전설이 남아 있다.

여섯 번째 명소는 필암서원으로 하서(河西) 김인후(金麟厚) 선생의 위패를 모신 사액서원으로 성균관의 문묘에 배향돼 있다. 하서 김인후 선생의 학문과 서예를 가르치고 닦는 서원으로 많은 젊은 유학자들을 배출한 곳으로 최근 유네스코 세계문화유산으로 등재된 문화유산이다. 필암서원의 역사적 가치가 영원하길 바라는 의미를 담아 살아서 천년, 죽어서 천년이 간다고 알려진 '금빛노을주목'을 기념식수로 식재했다. 필암서원의 유네스코 세계유산 등재는 그동안 서원의 전통과 문화를 위해 지켜 온 군민들의 자긍심을 한층 높여 줬다. 필암서원은 대원군의 전국 사설서원 철폐에도 아무 탈 없이 지나온 서원이다.

일곱 번째는 관방유적 입암산성이다. 천혜의 요새 입암산성은 몽고의 난과 정유재란 때 적을 막아낸 산성으로 유명하다. 지금도 당시의 적을 막아낸 산성벽이 높이 쌓여 있어 교육의 가치로 활용하고 있다.

여덟 번째는 농촌 분위기를 고스란히 간직한 금곡영화마을이다. 이곳은 조정래의 『태백산맥』과 전도연 주연의 〈내 마음의 풍금〉 촬영지로 유명한 곳이다. 축령산 휴양림의 북쪽 끝에 자리하고 있어 축령산 관광객들이 많이 찾아와 1960년대의 농촌마을과 영화촬영지로서의 마을 분위기를 고스란히 느끼고 돌아간다.

이상 여덟 군데가 장성군의 관광팔경(觀光八景)으로 장성군에서 중점적으로 관광시키는 유명한 곳이다. 이외에도 장성호의 상류에 설치된 장성문화예술공원이 있으며, 이곳 장성 출신의 임권택 감독의 시네마타운이 설치돼 있어 날마다 임 감독 작품을 상영하고 있다. 또한 수몰면인 옛 북상면의 행정관서와 학교, 면 전체의 수몰 전 생활상과 사용했던 농기구 등 가정생활도구 등이 그대로 전시돼 있어 수몰민들의 추억을 되새겼다. 어릴 때 생활하던 그 시절이 그리워 본인도 모르게 눈시울이 적셔 내리고 있다.

장성군에서는 황룡강을 중심으로 노란 백일홍을 일억 송이 심어 군 전체를 노랗게 해서 'Yellow City' 장성군으로 만들어 매년 꽃 관광객이 백만 명 이상 다녀가고 있다. 특히 백양사는 백양사 대웅전 뒤 우뚝 솟은 흰 바위의 백암산과 6 · 25 한국전쟁 당시 쌍계루가 화재가 난 이후 선친의 시(詩)가 66년 만에 복원돼 편액 된 호수 위에 세워진 쌍계루(雙溪樓)가 있어 내 마음속에 영원히 잊히지 않는 추억이 담긴 유명한 사찰로 기억되고 있어 장성 팔경 중 가장 볼 것이 많고 좋은 곳으로 많은 관광객이 찾아오는 사찰이다. 나를 키워 주고 지켜 준 내 고향 장성! 향우들이 오순도순 행복하게 뭉쳐 살던 곳, 내가 이 세상을 떠날 때도 나를 평안히 잠들게 해 주는 곳 부모님 산소가 있는 내 고향이 항상 그리워진다.

사라진 우리 집

— 제2회 월간 한올문학상 수필 부문 본상 수상작 (2013년 10월)

조선 시대 흥선대원군이 "학문으로는 장성만 한 곳이 없다"는 뜻의 문불여장성(文不如長城)이라 말한 곳이 바로 내 고향이다. 대한 팔경의 하나로 아기단풍과 비자림으로 유명한 백암산과 가인봉이 우뚝 솟은 산으로 둘러싸인 백양사(白羊寺)에서 4㎞ 떨어진 곳에 내 고향인 텃골[基洞]마을이 있다. 우리 집으로 들어가는 길에는 주변을 둘러싼 길다란 토담이 먼저 눈에 띈다. 우리 집은 반상의 경계가 허물어지고 개화의 물결이 휘몰아치던 때 지었으니 건축 시기가 백여 년 남짓 된 전통주택이다. 아버지가 직접 설계하셨고, 할아버지 때부터 집안 대소가와 왕래하며 친분이 두터운 대목 유 목수란 분이 지었다고 한다. 이 분은 큰댁의 사당(祠堂)과 정각(亭閣)도 지었는데, 우리 형제자매들은 어린 시절을 크고 아름다운 이 집에서 자라면서 청운의 꿈을 안고 성장했다.

솟을대문을 들어서면 1m가 넘는 석축 기단 위에 사랑채가 세워져 있었는데 모양은 일자형으로 안채와 구조가 같다. 사랑채 출입문 위에는 '청화당(淸華堂)'이란 당호(堂號)가 현판으로 걸려 있다. '속된 상념(想念)과 나쁜 마음을 씻어버리는 맑고 아름다운 집이란 뜻'으로 현판 원 글씨는 아버지가 직접 쓰셨다고 한다. 네 칸 겹집인 사랑채에는 서

실과 두 칸 정도 되는 누마루가 딸린 큰 사랑방이 있는데 이곳은 연회 장소로 활용됐다. 한옥이라 그 앞에는 넓은 정원이 있다. 소나무를 중심으로 봄, 여름에는 갖가지 꽃들이 핀다. 진달래, 목단, 박태기나무, 함박꽃, 겹벚꽃 나무와 오죽(烏竹), 난(蘭) 등이 향기를 내뿜으며 주변을 맑게 했다. 그리고 토담을 따라 담쟁이덩굴이 무성하게 자라고, 가을에는 하얀 서릿발이 내려 단풍을 더욱 곱게 들도록 재촉했다.

우리 집은 천여 평의 대지 위에 함석으로 된 안채와 곳간(庫間)채, 기와집인 사랑채, 초가(草家)로 된 행랑채와 대문채 등 다섯 동으로 되어 있었다. 대문채로 들어가는 30m의 길 양옆에는 20여 그루의 향나무가 질서 있게 심어져 있고, 큰 대문을 통해 들어서면 넓은 안마당이 트이는 곳에 안채와 오른쪽으로 니은자형 곳간채가 보였다. 안채 뒤편에는 장독대와 100여 평이 넘는 과수원이 자리하고 있었는데, 여기에는 매화나무 등 과일나무와 먹음직스런 딸기가 주렁주렁 매달려 있었다. 가을이 되면 단감, 배, 사과나무 등 20여 종의 과일나무가 이 계절을 더욱더 풍요롭게 해 주었다. 그 옆의 대밭은 청절(淸節)의 신념을 갖도록 우리 가족들을 격려해 주었다. 아침에는 대숲에서 이파리 스치는 바람 소리가 귀를 맑게 했고, 저녁에는 소나무 향내를 마시며 산책하는 즐거움도 잊을 수 없는 그리운 추억들이다. 안채는 사랑채와 같은 구조의 다섯 칸 겹집이다. 한 칸 정도 되는 누마루는 더운 여름날 시원한 마룻바닥이 더위를 가시게 해 주었다. 누마루 양쪽으로는 방이 있었는데, 오른쪽에는 장지*로 연결된 방과 부엌, 안방이 있고, 왼쪽에는 큰 방이 있었다. 그 옆으로는 벼 천석(千石)을 보관할 수 있는 곳

---

*장지 : 방과 방 사이, 또는 방과 마루 사이에 칸을 막아 끼우는 문. 미닫이와 비슷하나 운두가 높고 문지방이 낮음.

간채가 자리 잡고 있었으며, 그 옆으로 공부방이 이어져 있었다. 그 방 앞에 있는 정원에는 수십 년 넘은 영산홍은 너무나 아름다워 가히 명품 중의 명품이었다.

가정에서 가장 중요한 식수는 깊이가 10m가 넘는 샘물에서 두레박으로 길어 먹었다. 한여름 이 물을 길어 한 대접 들이켜면 시원한 맛을 무엇이라 표현할까. 또한 매년 망 속에 수박을 넣어 길게 줄을 매달아 우물 속에 넣어두었다가 하루가 지난 뒤에 꺼내 먹는 시원함, 오늘날 냉장고에 보관했던 것과는 비교할 바가 아니다. 우물에서 퍼 올린 차디찬 물로 등물을 할 때 오싹 소름이 끼쳤던 것을 나는 아직도 기억하고 있다. 어머니가 새벽에 일찍 일어나 장독대 위에 정화수를 떠 놓고 자식들의 건강과 잘되기만을 두 손 모아 비는 모습을 우리 형제들은 수시로 보아 왔다. 저녁이면 대문채에 마을 사람들이 모여 앉아 새끼를 꼬면서, 촌로들은 유충열전, 심청전, 장화홍련전, 춘향전, 흥부전 등 흥미진진하게 이야기의 꽃을 피웠다. 우리 집을 드나드는 손님들 중에는 서화가(書畵家)와 선비들이 많았는데, 며칠간을 묵어가는 것이 다반사였다. 아버지는 고서화와 서예에 조예가 깊으셔서 많은 작품을 수집하셨다. 그러므로 머리맡의 문갑 옆에는 항상 연상(硯箱)이 준비돼 있었다. 우리 형제들이 고서화를 감상하는 능력과 안목을 갖추게 된 것은 이런 아버지의 덕이다. 안채 부엌에서는 사랑채에서 쉬어 가는 손님들의 접대로 어머니는 항상 바쁜 나날을 보내셨다.

6 · 25 전쟁으로 우리 집도 피해가 많았다. 안채는 파괴돼 뜯어냈고, 당시 3개월간의 공산 치하에서 대문에는 '반동의 집'이라고 붉은 글씨로 써 붙여놓고, 재산 몰수를 해갔다. 그중에서도 곳간에 보관됐던 자

전거를 발견하고 책임자 되는 자가 끌고 나가 신나게 비탈길을 내려가다 그만 곤두박질을 하고 말았다. 당시 어렸던 내 마음속에서도 얼마나 속이 시원했던지 그 장면이 62년이 지난 지금도 잊히지 않는다. 소중히 보관했던 많은 서화류는 모두 분실됐지만, 특히 가보로 간직했던 의제 허백련 화백의 산수화 10폭 병풍 한 벌은 그 당시 식량난에 어쩔 수 없이 쌀 한 가마와 교환해 가족들의 생계를 이었다. 이렇게 수난을 겪은 우리 집과 문전옥답은 1973년 장성댐 건설로 모두 수몰됐다. 40여 년 전 수몰로 사라진 우리 집은 아직도 눈만 감으면 머릿속에 아련히 그려진다. 진정으로 사랑했던 내 고향의 동네 어귀 고샅길과 나의 집, 이제는 오직 멀고도 먼 기억으로만 존재할 뿐, 우리 집은 영원히 물속으로 사라졌다.

61년 만에 찾은 교정

모교를 떠나온 지 올해로 만 61년 만에 들어선 운동장이다. 교정에 발을 내딛자 아름드리 은행나무가 노랗게 물들어 무척 아름답게 보인다. 구름 한 점 없는 높고 푸른 가을 하늘 밑 운동장은 만국기가 펄럭이고 있다. 체육관 겸 강당의 벽에는 '개교 100주년을 맞이하는 동문님의 방문을 환영합니다'라는 대형 현수막이 우리들을 맞이했다.

초등학교 재학 시절 뛰놀던 운동장은 좁아 보이고 교사(校舍)와 강당 등 모든 시설물들이 새로운 건물로 바뀌어 지난날의 흔적을 찾아볼 수 없었다. 그때 다녔던 모교의 초등학교가 올해로 개교 100주년이 되는 해이다. 우리들은 한 세기가 되는 개교 기념식에 참석하는 행운을 맞이했다. 현재 인간의 생명력으로는 100주년을 기념하는 식에 일생에 한 번밖에는 참석할 수 없는 영광의 기회인 것이다. 이런 기회를 놓치지 않기 위해 많은 동문들이 서울에서 모교를 찾아왔다. 식전 행사로 모교의 전통과 위상을 높여주는 100주년 기념탑 제막식을 이곳 시장을 비롯해 교육장 등 많은 내빈을 모시고 성대하게 거행했다. 이 기념탑은 모든 동문들의 성금으로 모교 출신인 조각가의 손으로 다듬어 웅장하게 제작됐다. 한편 식장인 강당에서는 재학생들의 생기발랄한 율동과 체조로 참석하신 내빈과 많은 동문들을 기쁘게 해줘 식장의 분위기를 아름답게 장식했다.

기념식은 모교 교기와 총동창회기가 입장하는데 교기는 오는 2월에 졸업하는 100회 졸업 예정자인 6학년 어린이회장이, 총동창회기는 이날 100주년 개교 기념식에 참석한 동문 중 최고참 회수인 31회 동문이 들고 입장하는데 졸업 예정 재학생과의 기수 차이는 무려 69년의 차이로 모두가 큰 박수를 치는 가운데 입장했다. 기념식을 마치고 동기동창과 함께 모교 주위를 살펴보았다. 61년의 세월이 흐르는 동안 우리 다닐 때의 모습들과는 전혀 다르게 모두가 바뀌었다. 한 가지 남은 것은 300여 년이 지나 교정 옆에서 지금까지 묵묵히 버텨오고 있는 노란색의 옷을 입고 서 있는 큰 은행나무뿐이다. 그렇게 넓어 보였던 운동장도 지금은 좁아 보이고, 학교 옆으로 지나는 국도 1호의 도로는 '말고개'라는 높은 언덕길로 오르려면 숨을 헐떡이며 숨이 턱까지 막힐 것 같은 언덕배기 도로였으나, 지금은 아주 낮아 보이며 별로 힘들지 않고 오를 수 있다. 그러나 어렸을 때 보았던 시각과 지금 본 시각의 차이가 완연(宛然)하게 다름을 느낄 수 있었다.

또한 6학년 때 공부했던 교실이 생각이 나서 3층의 교실을 돌아보았다. 내가 다닐 때의 교실은 아니지만, 마침 3층이 6학년 교실이어서 나의 반이었던 6학년 3반 교실로 들어갔다. 마침 담임이신 여선생님이 계셨다. 반가이 맞아 주셨다. 교실을 돌아보니 책상이 20개만 놓여 있어 반 전체 인원이 20명임을 알았다. 61년 전 우리가 다닐 때는 한 반 인원이 60명이 넘었고, 전교생이 2,000명이 넘었는데 지금의 전교생 수는 450여 명으로 그 당시의 5분의 1에 불과한 인원이다. 선생님은 학생 수가 너무 적어 걱정된다고 하시며, 우리 반 인원이 적은데 이번에 두 명의 학생이 다른 지역으로 이사를 가게 되어 두 자리가 또 비우게 되어 매우 아쉬움을 나타내신다. 앞으로 우리나라 인구 문제가 심각한 수준에 달해 취학하는 아동이 점점 감소하고 있어 장래가 걱정됐다.

교실을 나와 운동장을 살폈다. 교사 중앙 정원에 검은 대리석에 새겨진 교가 탑이 눈에 띄었다. 여기에는 눈에 익은 선생님의 이름이 작사자로 새겨져 있었다. 그 선생님은 바로 내가 6학년 3반 때 담임선생님이셨던 J 선생님이시다. 너무나 반가움에 교가를 읽는 동안 선생님 생각에 눈시울이 촉촉이 적셔졌다. 선생님이 지으신 교가는

성황산 품에 안겨 굳건히 자리 잡고
앞으로 바라보는 노령의 힘찬 줄기
정동의 높은 기상 푸르게 피어나니
영원히 빛나 거라 정읍동초등학교

우리 다닐 때는 없었던 교가로 한 번도 불러보지 못한 교가였다. 우리가 졸업 후에 훗날 지으신 것이다. 이날 100주년 기념식에 참석하셨다면 만나 뵈었을 터인데 현재 생존해 계신지 수소문해 보았으나 알 수 없었다.

그동안 모교는 25,000여 명의 졸업생을 배출했다. 이들 중에는 사회의 각 분야에서 중책을 맡아 일하고 있으며, 특히 배드민턴 국가대표선수로 10여 명이 뛰고 있는데 이중 Y 선수는 지난 영국 올림픽대회에 출전한 바 있다. 이날 식장에는 감동적인 일을 한 동문 한 분이 있었다. 이 동문은 모교 개교 100주년 기념행사에 맞추어 본인이 소장하고 있는 40년 이상 된 소나무와 단풍나무 분재 100여 분(盆)을 "복지의 사각지대에 있는 모교의 결식아동과 가정형편이 어려운 후배를 위

해 준비했다"며 분재 전시회를 기념식장 주변에 전시해 놓아 많은 동문과 내빈들이 관람했다. 그동안 판매한 수익금 천만 원을 이 어린이들을 위해 써 달라며 선뜻 모교에 기부했다. 본인은 정작 변변한 집 한 칸 없이 월세방에서 생활하고 있어 사회의 모범이 되는 독지가이기도 하다. 이런 훌륭한 동문이 있기에 우리 모교의 재학생들은 '꿈과 사랑, 기쁨이 넘치는 행복한 학교'라는 교훈 아래 배우고 읽혀 장래가 촉망되고 희망이 넘치는 인재들이 나올 것임을 자부하고 있다.

식후 행사로는 재학생들의 소망이었던 효율적인 운동장을 만들기 위해 학교와 총동창회의 주선으로 요즘 유행인 인조잔디보다는 배수가 잘되고 능률적으로 사용할 수 있는 친환경 마사토운동장으로 만들기 위한 조성공사 착공식을 가졌다. 이는 '한국체육진흥공단'의 후원을 받아 공사하게 되어 조만간 아동들을 위한 친환경 운동장으로 만들어질 것이다. 이렇게 환경이 바뀌는 모교는 우리가 다닐 때와는 전혀 다른 학교로 변했다. 다만 뒷산인 성황산만이 그대로 우뚝 솟아 있어 '61년 만에 찾은 교정'은 새 학교로 변모하는 모교로 새로이 시작되는 100년을 향해 많은 인재가 배출되리라 믿는다.

선배의 모교와 후배 사랑

2019년 4월 21일은 일찍이 일어났다. 이날은 특별한 날이었다. 고등학교 졸업한 이후 처음으로 참석하게 되는 총동창회 정기총회가 열리는 날이다. 이날 아침 7시 20분 정각에 사당역에서 예약된 버스에 탑승해 전북 익산에 가기 위해 일찍 서둘렀다. 10시에 익산 모교에 도착하니 많은 동문들이 미리 도착해 있었다. 교장 선생님은 동문들을 마중하시며, 안내하시느라 정신이 없었다.

특히 이날은 나의 4년 선배이신 한국은행 총재를 역임했던 박승 선배가 후배들을 위한 거금을 기림장학회(技林奬學會)에 기증해 모교 본관 건물 뒤에 박승 동산과 기념비 제막식을 교장 선생님 사회로 거행했다. 동산 제막식을 마치고 강당에서 2019년도 이리공업고등학교 총동창회 정기총회를 시작했다. 총회 식순에 따라 박승 선배가 후배를 위한 장학금 7억 원을 기증하는 순서에 이어 축사에서 일평생을 공직자로서 아끼고 모은 거금을 후배들을 위한 장학기금으로 내어놓게 된 이야기를 했다.

"내가 자라서 이룩한 성취의 뿌리는 한창 성장할 때 나를 길러 준 모교였다는 생각이 들어 모교의 은혜에 조금이라도 보답하는 것 같아 행복하다." 김제의 농촌에서 새벽밥을 지어먹고 하루 왕복 14㎞를 걸어서 기차 통학으로 익산 모교를 다녔는데 어머니가 길쌈해 만든 옷을 입고 전기도 없는 집에서 농사일하면서 학교에 다닐 때 수업료를 못 내 시험을 못 보고 되돌아간 적도 여러 번 있었다고 했다. '서울에서 이름 있는 고등학교에 다녔더라면 훨씬 더 잘되어 출세했을 것'이라는 말도 들었지만 본인은 그렇게 생각하지 않는다고 했다. 한평생 살다 보면 온갖 고난과 실패가 있기 마련인데 네가 다른 사람보다 나았던 것은 이러한 어려움을 견뎌 내고 이기며 새로운 활로를 찾아내는 일이었기 때문에 이것은 내가 이룩한 성취의 원동력이라 하겠는데 이 힘이 바로 나의 모교인 이리공업고등학교 다닐 때 다져진 것이었다. "내가 만일 부잣집에서 태어나 서울에서 편안하게 학교에 다녔다면 오늘만큼의 성취를 이룰 수 없었으리라고 생각하고, 그런 의미에서 나의 고등학교인 이리공고 모교에 잠시도 잊지 않고 지내왔다"고 했다. 우리는 박 선배님의 큰 뜻과 피나는 노력으로 쌓아온 그 공을 높이 새겨야 할 것이다. 공직자로서 일평생 모은 거금을 후배를 위한 장학금으로 기부하려고 자녀들을 불러 아버지의 뜻이 이러한데 너희들의 생각은 어떠한지를 물어보자 자녀들 모두가 아버지의 뜻에 찬성하며 아버지 건강하실 때 하루라도 빨리 결심을 실행하라고 하여 자녀들에게 고마웠다는 뒷이야기도 들려주었다. 이렇게 모교를 사랑하고 후배를 사랑하는 박승 선배님의 높은 뜻이 모교에 큰 사랑이 되어 앞으로도 계속 이러한 행사가 이어져 나갈 수 있어야 한다고 생각한다.

모교 학생들은 실업계고등학교 학생으로 인문계고등학교 학생보다 일반적인 성적은 조금 뒤질지 모르나, 기술적인 면이나 실질적인 생활면에서는 인문계 출신보다 월등히 우수하다는 것을 사회에서 나타내고 있다. 그 예로 공업 기술계통 기업체를 운영하는 선후배들이 열심히 뛰고 있어 우리나라 공업발전에 앞장서고 있다. 또한 젊은 후배들도 현장에서 갖은 고생을 이겨내고 기술을 익히느라 밤샘을 하며 최선을 다하며 살고 있다. 몇 년 전 모교의 동창회관이 건립됐다. 선후배 할 것 없이 모두가 나서서 십시일반 모금을 하고, 설계와 건축 역시 모교 출신 회사 사장들이 힘을 합쳐 완공했다. 자체 동창회관을 가진 학교는 전라북도에는 이리 남성고와 전주 신흥고와 세 번째로 모교인 이리공고 밖에는 가지고 있지 않다. 서울이나 전국의 명문 고등학교 역시 자체 동창회관을 가지고 있는 학교가 드물다. 그러나 우리 모교는 37,000여 명의 졸업생 모두가 솔선해 건축비는 물론 기술제공과 건축공사 제공을 해서, 설계에서 건축 완공을 하기까지 당당한 동창회관을 건축해 사용하고 있다.

이리공고는 많은 졸업생 가운데 훌륭한 선후배가 많아 나날이 발전하고 있다. 박승 선배는 어렵게 농사지으며 서울상대를 졸업하고, 한국은행에 입행해 근무 중 미국 유학생 2명을 뽑는데 당당히 합격해 미국 뉴욕주립대학교에서 수학한 후 박사학위를 받았다. 귀국 후에는 중앙대학교 경제학과 교수로 재직하던 중 1988~1989년에는 청와대 대통령 경제수석과 그 후 건설부장관을 재임 시에는 5대 신도시 건설을 발의와 기획을 하여 분당, 일산, 산본, 평촌, 중동 등을 건설했다. 2002년에는 한국은행 총재로 임명돼 한국은행 독립성을 강조하고 한국은행법을 개정해 정부와 정치로부터 독립하는 안을 국회에 제출해 2003년에 국회를 통과해 다음 해 1월 1일부터 발효됐다. 부총재가 당연직 금융통화위원이 되고, 한국은행 경비 예산을 기획재정부로부터 독립시켰다. 한국은행 총재를 끝으로 공직을 마친 뒤에는 방송국, 신문사 등에 출연하여 경제 좌담회와 토론과 기고를 하며 노익장을 과시

하면서 시간 나는 틈틈이 후배들의 큰 행사에 축사와 글을 써 주고 있다. 필자인 나에게도 수필집에 축사를 써 주셔서 격려해 주고 출판기념회 때는 직접 참석하시어 축사를 해 주시어 동문으로서 영광이었다.

동창회 정기총회에서 박 선배의 축사를 듣고 느낀 점이 많았고 배울 점이 많아 후배들에게 좋은 인상을 남겨 주었다. 이러한 선배와 훌륭한 후배들이 있기에 모교 졸업생들은 자기의 역량과 노력을 힘껏 발휘할 것이다. 박승 선배를 본받아 모교 출신 선후배들과 국가 산업기관의 훌륭한 역군이 되도록 노력하며, 모교 출신 선후배들과 기업인들은 박승 선배의 모교 사랑과 후배를 사랑하는 마음으로 모교의 장학회를 더욱더 키워 훌륭한 인재를 배출하기를 바라는 마음 간절하다.

63년 만에 찾은 정든 교정

고성능 앰프에서 흥겨운 음악이 전 교정을 메아리치며 흘러나오고 있다. 나는 정읍에 있는 모교인 호남 중 · 고등학교 운동장 특설무대에 설치된 개교 70주년 기념행사에 총동문회 초청으로 참석했다. 중학교 입학식 때 처음 이 운동장에 발을 들여놓은 지 63년 만이다. 6 · 25 한국전쟁이 일어난 이듬해인 1951년 3월에 입학했다. 졸업 후 이제는 원로 선배로 처음으로 공식행사에 초청돼 참석했다. 모교인 호남중학교는 정읍의 명문 사립중학교로 초산 아래 목조로 길게 건축된 두 동의 교사(校舍)가 나란히 건축돼 있었다. 교사가 복도 없이 지어져 밖에서 직접 교실로 들어가는 건물이다 보니 학생들이 사용하기에 불편한 점이 많았다. 비가 내리면 더욱 불편했다.

초등학교 동창 중에 공립학교에 진학한 친구들이 우리를 보면 초산 밑에 널짝[棺] 두 개 있는 학교에 다닌다고 놀려대 싸우기도 했다. 이러한 놀림을 받을 때면 우리는 공부를 더욱 열심히 해 좋은 성적을 내기도 했다. 전쟁 직후라 자재도 귀하고 모든 것이 열악한 상태에서 학교 역시 목조건물의 교실 천장은 마대에 흰 페인트칠을 해 이어붙인 천정으로 여름 장마철이면 습기로 인해 불개미가 천정에서 수업받는 학생들의 목덜미에 떨어져 깜짝 놀라 혼비백산한 적도 있었다. 그뿐인가, 유리 창문은 그 당시 유리가 귀해 철망에 방충망을 덧붙인 대용 유리를 달았다. 짓궂은 친구들은 대용 유리에 연필심을 눌러 자기 이름을 새겨놓기도 했다. 그런데 겨울철이 문제였다. 새겨놓은 구멍으로 찬 바람이 솔솔 들어오는 것이다. 이렇게 열악한 환경에도 우리 학생들은 불평 한마디 없이 오직 학업에만 열중하는 착한 학생들이었다.

서울에서 내려온 동문들이 대절한 버스 두 대에 나누어 타고 약속 시각인 정각 17시에 모교 운동장에 도착했다. 교문 앞에 교장 선생님과 교사 여러분이 마중 나와 동문들과 반가운 인사를 나누고, 서명대에서 서명을 마치고 저녁 준비가 된 식당으로 안내돼 저녁 식사를 먼저 했다. 운동장 특설무대에는 호남중·고등학교 개교 70주년 '고향사랑 모교사랑 한마음 대행진'이란 대형 현수막이 우리를 기다린 듯했다. 저녁 식사를 마치고 운동장 특설무대에서 개교 70주년 기념행사에 전북도지사와 도의회의원, 정읍시장과 시의회의원, 그리고 이 지역 출신 국회의원 등 내빈이 참석해서 축하해 줘 대성황을 이루었다.

특히 전북지사는 축사에서 모교 출신들이 전북도청 요소요소에서 요직을 맡고 있으며, 도의회에도 동문들이 진출해 의정활동을 활발히 하고 있어 마음 든든하다고 했으며, 또한 정읍시장 역시 우리 시청에 동문 100여 명이 재직하고 있어 정읍의 실질적인 행정을 도맡아 하고 있어 많은 힘을 얻고 있다고 했다. 다음은 재단 이사장의 축사와 공로자 표창에 이어 기대했던 축하쇼가 시작됐다. 전주방송국의 명아나운서가 사회를 맡아 서울에서 내려온 명가수와 댄싱팀이 식장의 흥을 돋웠다. 우리 동문회는 모든 동문들이 1인 1계좌 장학금 보내기 운동에 동참해 유일하게 서울 강남에 장학빌딩을 사들여 여기서 나오는 수익금으로 매년 1억 원의 장학금을 모교에 재학 중인 성적이 뛰어난 학생과 가정 형편이 어려운 학생에게 지급하고 있어 재학생들의 사기앙양에 장학의 힘을 일으키고 있다.

63여 년 전 내가 배웠던 목조건물 천장에서 불개미가 떨어져 목을 물었던 사건은 까마득한 옛이야기로 남았고, 지금은 의젓한 현대식 4층 교사가 여러 동 신축돼 냉난방 시설은 물론이고 체육관, 면학관, 컴퓨터실, 도서실, 어학관, 대강당 등 다양한 면학 시설이 완비돼 국제화시대에 필요한 경쟁력 있는 인재를 양성하는 산실이 되는 건물의 신 교사에서 재학생들은 학업에 열중하고 있었다. 1950년대 열악한 환경 속에서 공부했던 우리들과는 달리 지금의 재학생 후배들은 시설이 완비된 교실에서 훌륭한 선생님의 지도로 장래 자기 희망을 이룰 수 있도록 충실하게 수업을 받고 있다.

이곳 모교는 단풍으로 유명한 정읍 내장산이 가까이 있어 많은 관광객이 찾아오고 또한, 이 지역은 물이 좋아 예부터 샘골이란 이름이 붙어 있듯이 인심 좋고 물이 맑아 정읍(井邑)이란 지명을 붙였다고 한다. 이렇게 환경이 좋은 곳에서 공부하는 재학생들은 어느덧 모교가 개교 70주년이 된 역사 깊은 학교에 다닌다는 것이 행운이 아닐 수 없다. 훌륭한 전통을 이어받아 개교 100주년이 되는 날 뿐만 아니라 영원히 노력해 더욱 훌륭한 인재가 나오기를 기대해 본다. 정읍시에 한 가지 아쉬운 점은 정읍하면 호남의 단풍으로 유명한 곳인데 정읍시가지에 가로수는 물론이고 어디를 가나 정읍의 상징인 단풍나무가 한 그루도 심어 있지 않아 관광 정읍의 상징을 볼 수가 없어 크게 아쉬움으로 남아 있다.

축하쇼에 초청된 남진 가수는 구수한 전라도 사투리의 입담과 함께 〈저 푸른 초원 위에〉란 히트곡을 다 함께 불러 피날레(Finale)를 장식하며 오늘의 개교 70주년을 기념하는 불꽃쇼가 교실 옥상에서 터트리며 정읍시가를 찬란한 불꽃 하늘로 덮어 서울의 한강에서 개최하는 불꽃쇼에 비교할 수 없을 만큼 화려한 불꽃이 정읍시가지의 맑은 하늘을 수놓았다. 불꽃쇼를 마지막으로 기념행사를 마치고 서울에서 내려온 동문들과 함께 저녁 9시에 정읍에서 출발해 서울 사당역에 도착하니 자정이 넘었다. 전철역에 내려가 보니 각 노선의 전철은 막차가 이미 끊겨서 택시를 타고 집에 들어오니 새벽 1시가 됐다.

개교 70주년 기념식에 참석하고 집에 돌아오니, 중학교 입학 때 처음 디뎠던 교정을 어언 63년 만에 다시 밟아 그 당시 밟았던 교정의 촉감이 아직도 남아 있는 듯 느껴져 내 마음이 소년 시절의 그 당시와 같아진 것 같아 마음이 흡족했다. 앞으로 100주년을 맞이하는 모교의 발전과 훌륭한 인재가 발굴되는 전통 있는 명문 사학으로 거듭나는 호남학원의 무궁한 발전을 빌면서 동문의 한 사람으로서 전국에서 1등 가는 학원이 될 것을 간절히 바라고 있다.

지하철 안의 자리다툼

현재 서울 인구의 절반 이상이 대중교통 수단으로 지하철을 이용하고 있다. 지하철이 건설되지 않았다면 그 많은 사람들의 통행을 버스가 어떻게 했을지 엄두가 나지 않는다. 1970년대 공사가 시작됐을 때 도로를 모두 파헤친 개폐식 공법이었기에 버스와 승객들이 통행하기에 몹시 짜증스럽고 혼잡스러운 도로였으나, 시민들의 이해와 미래의 교통수단을 위한 인내로 오늘의 서울 지하철은 1호선에서 9호선까지 건설돼 운행하고 있다. 서울에 처음으로 지하철이 개통됨으로써 시민들이 통행하는 데 얼마나 편리함을 느꼈는지 모른다.

그러나 여기에 필수로 따르는 것이 시민의 질서 의식이다. 지하철 개통 후 지금까지 직장에 다니면서 수십 년을 이용하면서 보고 느낀 것은 역시 질서를 지키는 일이다. 지하철을 타기 위해 플랫폼에 두 줄로 서서 대기하고 있는데 차가 들어와 스크린도어가 열리자 하차 승객이 내리기도 전에 쏜살같이 줄 서 있는 앞사람을 제치고 들어가는 몰염치한 승객도 있다. 이것은 공중질서를 파괴하는 무모한 시민의 행동이다.

어느 날 1호선 청량리역에서 목격했던 일이다. 지하철이 청량리역에 도착하자 한 노인 두 분이 승차했다. 차내 좌석을 두리번거리더니 열차가 출발하자 일반좌석 앞에서 지갑을 꺼내어 앞 좌석에 앉은 젊은 승객에게 지갑 속의 주민증을 내보이며 호통을 치는 것이다. "나이 먹은 사람이 탔는데 젊은것들이 어른을 보면 자리를 양보할 줄 알아야지" 하며 차내가 떠나가도록 고함을 치고 있었다. 승객 모두가 놀라 무슨 일인가 하고 여기에 시선이 집중됐다. 이것은 아닌데 하고 나는 생각했다. 아무리 노인이지만 경로석도 아닌 일반좌석에서 주민증을 꺼내 보이며 호통을 치는 것은 잘못된 일이라고 본다. 그들도 일반좌석에서는 얼마든지 앉을 권리가 있다. 이렇게 일반좌석의 자리까지 침범하는 노인의 행동은 분명히 질서 없는 자리 탐이라고 본다. 노인에게는 앉을 수 있는 경로석이 분명히 있다.

3호선 대화행 열차에서도 좌석 때문에 일어난 일을 목격했다. 나는 주엽역을 가기 위해 이 열차를 타고 가는데 차내는 많은 승객으로 복잡했다. 한참을 달리다 보니 원당역을 지나 좌우를 살펴보니 많은 승객이 내려서 좌석이 많이 비어 있고 서서 가는 승객은 한 사람도 없었다. 타고 가는 차량 맨 뒤쪽의 경로석 양쪽에도 빈 좌석이다. 화정역에 도착하니 한 아주머니가 승차해 맨 끝쪽에 있는 경로석 비어 있는 자리에 엉덩이만 약간 걸쳐 앉았다. 바로 그때 열차 뒤편에서 어느 나이 드신 분이 군복 차림을 하고 건너왔다. 복장을 보니 해병전우회 차림으로 질서라고 쓰인 빨간 완장을 차고 해병대의 빳빳하게 각이 선 모자를 쓰고 검은 선글라스를 낀 다소 차갑게 보이는 사람이었다.

객차 내부를 훽 둘러보더니 조금 전에 탄 아주머니가 차량 끝의 경로석에 앉아 있는 것을 보고 "젊은이는 거기 앉는 자리가 아닌데 왜 거기 앉았느냐"고 큰소리쳤다. 그러자 그 아주머니는 "빈 좌석이라 문에서 가까워 앉았다"고 하자 "그 자리는 노약자와 응급환자를 위해 언제 앉을지 모를 사람을 위해 항상 대기 상태로 비워 둬야 한다"고 하며 젊은것들이 아무 데나 앉는다고 마구 몰아세웠다. 그러자 얼굴이 빨개진 그 아주머니는 아무 말도 못 하고 다음 역에서 바로 내렸다. 이 광경을 본 나는 단속한 해병전우회 복장을 한 그 노인이 너무한 것 같다는 생각이 들었다. 종점이 가까워지자 많은 좌석이 비어 있어서 출입문에서 가까운 경로석에 잠깐 앉았어도 충분히 이해하고 서로 웃는 얼굴로 대할 수 있는데도 고압적인 자세로 너무 과잉 계도를 하는 것 같아 너무나 좋지 않았다.

오전 시간대에 볼일이 있어 4호선을 타고 사당역을 가는 중이었다. 경로석 3인 좌석에 한 젊은 여성이 앉아서 책을 보고 있었다. 동대문역에 도착하자 한 할아버지가 승차해 경로석 앞의 그 젊은 여성 앞에 가고 있었다. 내심 그 할아버지는 이 여성이 자리에서 일어날 줄 알고 기다렸던 모양인데 아무런 기미가 없자 그 노인은 자리에서 일어설 것을 요구했다. 그때 그 젊은 여성이 대답하기를 "나 돈 내고 표 사서 이 자리에 앉았습니다"라고 대답하자 그 노인은 "여보 젊은이 이 자리는 돈 안 내고 타는 사람이 앉는 자리이다"라고 말하자 그 여성은 힐끔 위를 쳐다보더니 앞에 서 있는 머리 하얀 할아버지를 보는 순간 얼른 일어나더니 얼굴이 홍당무가 되어 다음 정거장에서 내려버렸다. 이 일이 있고 난 후에 한동안 돈 내고 타는 자리와 돈 안 내고 타는 자리가 분명히 있다는 웃지 못할 일화가 지하철 내부에서 웃음거리로 유행되기도 했다.

아침 출근 시간대에 복잡한 차량 내부를 뚫고 기다란 나무 십자가를 들고 "예수를 믿어라"라고 전교하는 사람, 성경을 들고 성경 말씀을 외쳐대며 "예수를 믿어라 믿지 않으면 지옥에 간다"고 설득하는 사람 과연 이들의 설교를 듣고 교회를 찾아가 믿겠다고 하는 사람이 과연 몇이나 있을지! 또한 많은 사람들 속을 뚫고 녹음기를 목에 걸고 구슬픈 성가를 틀면서 지팡이를 더듬거리며 지나가는 시각장애인, 철 따라 각양각색의 상품을 판매하는 사람들 과연 이들은 승차권을 사서 타고 하는 행위인지 너무도 시끄럽고 질서를 어지럽히는 이들을 단속했으면 한다.

가장 날렵하고 웃기는 장면을 연출하는 사람도 있다. 역에 도착해 출입문이 열리면 밖에 줄 서 있는 승객을 제치고 얼른 차내에 들어와 빈 좌석이 어디 있나 훑어보고, 재빨리 가방을 빈자리에 먼저 던져 놓고, 염치 불고하고 자리를 차지하는 승객도 있다. 이런 사람은 재빠른 몸놀림에 무용담의 자랑거리일지는 모르나 바로 이런 사람이 질서를 파괴하는 장본인일지 모른다.

이제는 우리가 지하철을 이용한 지도 40여 년이 되어 간다. 우리는 공중도덕의 질서를 지키며 순리대로 행동한다면 최대의 문화인으로서 지하철을 승하차할 때 무리없이하고, 자기 앉은 좌석도 서 있는 사람에게 양보하며, 옆 사람과의 조용히 담소를 나누며 자리다툼을 하지 않아도 되는 명랑한 지하철 문화가 이루어짐으로써 으뜸가는 서울의 문화시민이 될 것임을 확신하는 바이다.

66년 만에 복원한 아버지의 시(詩)

전남 장성군에 있는 장성댐 한가운데가 내가 태어난 고향이다. 수백 년 대대로 내려온 고향 땅이 1973년 정부 시책으로 농업용수 댐을 만들기 위해 지역 전체가 물에 잠겼다. 고향에서 4㎞ 떨어진 곳에 아기단풍으로 유명한 백양사가 있다. 이곳에는 호수 위에 세워진 쌍계루란 누각이 있다. 백양사는 백제 무왕 때 건립됐으며, 흰 바위 아래 세워져 유명한 사찰이다. 이곳 쌍계루에는 고려 시대 포은 정몽주를 비롯해 나의 15대 할아버지이신 하서(河西) 김인후 선생 등 선인들의 시와 글이 편액 되어 있다.

이곳에는 선친의 시(詩)도 편액 되어 있다. 백제 시대부터 선인들이 백양사 대웅전 뒤 백암산 흰 바위 절경을 보고 지은 시와 글들이다. 그런데 6 · 25 전쟁 당시 쌍계루는 화재로 잿더미가 됐다. 선친은 고향인 장성군 북상면 2대 면장을 지내신 한학자로서 지역 유지였으며, 아버지와 형님 두 분, 즉 삼부자가 같은 면에서 면장을 지내 삼부자 면장집으로도 유명했다.

1984년 전남지사의 배려로 쌍계루와 함께 그곳에 걸려 있던 시와 글의 영인본을 찾아 복원했다. 그러나 선친의 시는 가족이 고향을 떠나 있어 연락이 끊기는 바람에 복원하지 못했다. 복원 기회를 놓쳐 전전

궁궁하던 중 시골 형님들이 아버지의 작품을 복원하고자 백양사 주지 스님을 수차례 찾아가 간청했으나 번번이 해 준다고는 했지만 차일피일 미루다 10여 년의 세월이 흘러가고 말았다.

아버지의 작품이 복원되지 못해 애를 태우던 중 2016년 4월 필자가 수필집 『아버지의 연상(硯箱)』 출판을 계기로 수필집과 호소문을 작성해 백양사 방장 스님으로 계신 지선 대종사님을 찾아 복원을 호소했다. 그 결과 대종사님의 승낙을 얻어 2016년 7월 20일 마침내 복원이 완료됐다. 지선 방장 대종사님께 참으로 감사한 마음을 잊을 수 없다.

무려 반세기가 넘은 66년 만에 아버지의 흔적을 쌍계루에 복원하고 나니 자식 된 도리를 한 것 같아 뿌듯하다. 서울로 올라오는 길에 부모님 산소에 들러 아버지 작품을 복원했음을 알리고 나니 이제야 자식으로서 마음이 한결 놓였다. 하늘에 계신 아버지도 많이 기뻐하실 것 같다. 오늘따라 아버지가 더욱 그립다. 봄이면 많은 관광객이 이곳 백양사에 찾아온다. 이곳에 오면 쌍계루에 올라 선인들의 시와 글을 감상했으면 좋겠다.

복원한 내용이 2020년 3월 26일자 문화일보에 게재 되었다.

문화일보

Premium Newspaper for Leaders

제8069호 3판 2020년 3월 26일 목요일

66년만에 복원한 아버지의 詩… 하늘에서도 기뻐하시겠죠

김상철(1895~1960)

전남 장성군에 있는 장성댐 한가운데가 내가 태어난 고향이다. 수백 년 대대로 내려온 고향 땅이 1974년 정부시책으로 농업용수 댐을 만들기 위해 지역 전체가 물에 잠겼다. 고향에서 4㎞ 떨어진 곳에 아기단풍으로 유명한 백양사가 있다. 이곳에는 호수 위에 세워진 쌍계루란 누각이 있다. 백양사는 백제 무왕 때 건립됐으며, 흰 바위 아래 세워져 유명한 사찰이다. 이곳 쌍계루에는 고려 시대 포은 정몽주를 비롯해 나의 15대 할아버지이신 하서(河西) 김인후 선생 등 선인들의 시와 글이 편액돼 있다.

이곳에는 선친의 시(詩)도 편액돼 있다. 백제 시대부터 선인들이 백양사 대웅전 뒤 백암산 흰 바위 절경을 보고 지은 시와 글들이다. 그런데 6·25전쟁 당시 쌍계루는 화재로 잿더미가 됐다. 선친은 고향인 장성군 북상면 2대 면장을 지내신 한학자로서 지역 유지였으며, 아버지와 형님 두 분, 즉 삼부자가 같은 면에서 면장을 지내 삼부자 면장 집으로도 유명했다.

1984년 전남지사의 배려로 쌍계루와 함께 그곳에 걸려 있던 시와 글의 영인본을 찾아 복원했다. 그러나 선친의 시는 가족이 고향을 떠나 있어 연락이 끊기는 바람에 복원하지 못했다. 복원 기회를 놓쳐 전전긍긍하던 중 시골 형님들이 아버지의 작품을 복원하고자 백양사 주지 스님을 수차례 찾아가 간청했으나 번번이 해준다고는 했지만 차일피일 미루다 10여 년의 세월이 흘러가고 말았다.

아버지의 작품이 복원되지 못해 애를 태우던 중 2016년 4월 본인의 수필집 '아버지의 연상(硯箱)' 출판을 계기로 수필집과 호소문을 작성해 백양사 방장스님으로 계신 지선 대종사님을 찾아 복원을 호소했다. 그 결과 대종사님의 승낙을 얻어 2016년 7월 20일 마침내 복원이 완료됐다. 지선 방장 대종사님께 참으로 감사한 마음을 잊을 수가 없다.

무려 반세기가 넘은 66년 만에 아버지의 흔적을 쌍계루에 복원하고 나니 자식된 도리를 한 것 같아 뿌듯하다. 서울로 올라오는 길에 부모님 산소에 들러 아버지 작품을 복원했음을 알리고 나니 이제야 자식으로서 마음이 한결 놓였다.

하늘에 계신 아버지도 많이 기뻐하실 것 같다. 오늘따라 아버지가 더욱 그립다. 봄이면 많은 관광객이 이곳 백양사에 찾아온다. 이곳에 오면 쌍계루에 올라 선인들의 시와 글을 감상했으면 좋겠다.

아들 김병헌

| 문화일보 기사 내용 |

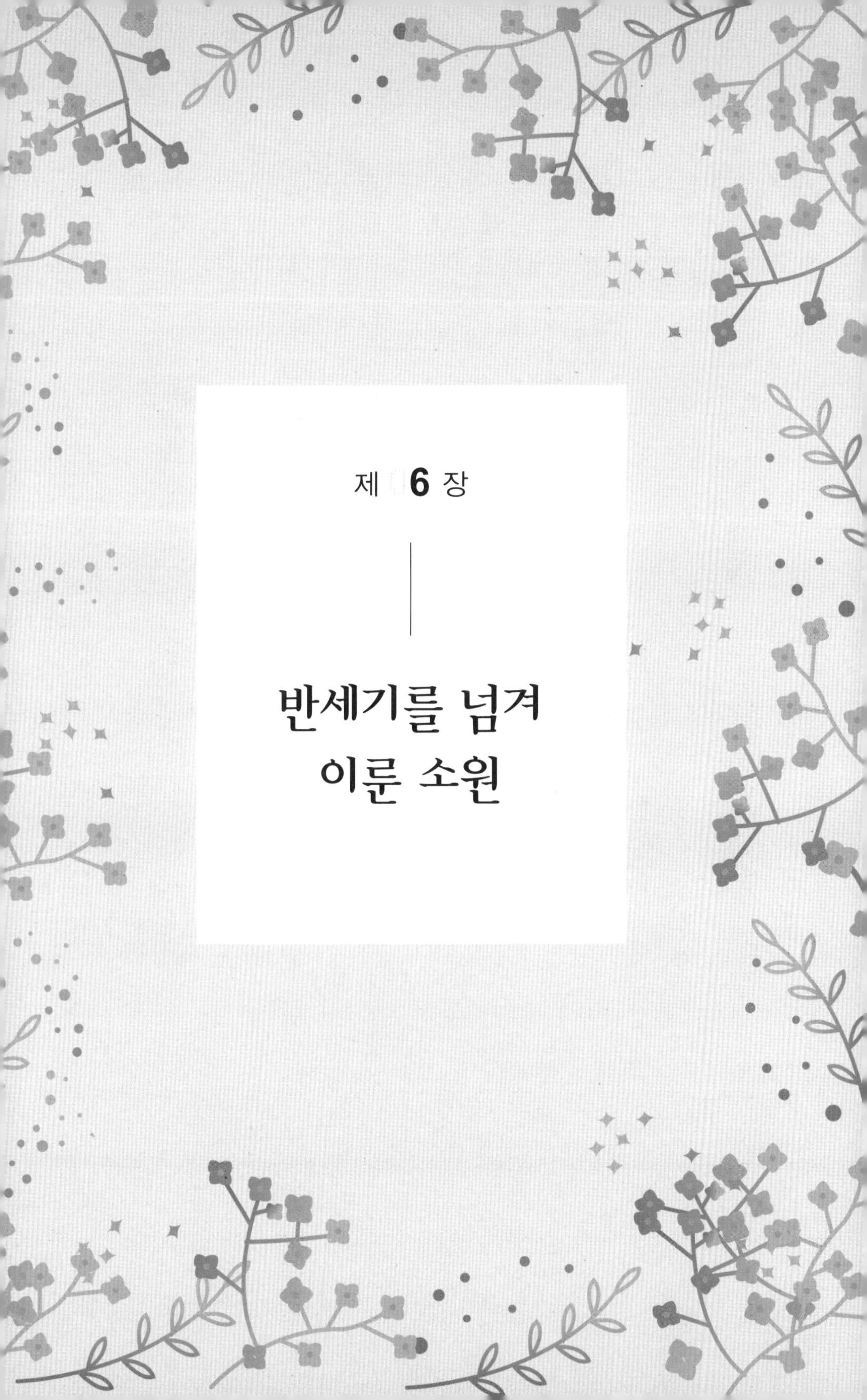

제 6 장

반세기를 넘겨 이룬 소원

최선을 다한 버펄로

얼마 전에 아들이 십 년 넘게 아무 사고 없이 잘 다니던 회사를 사직했다. 장래를 위하여 월급 생활만 할 수 없어 자기가 꿈꿔 왔던 사업을 하고자 용기를 냈다고 한다. 회사 역시 경기 부진으로 장기근속 사원을 대상으로 구조조정을 한다는 설이 나돌던 차에 결심하고 결단을 내렸다고 했다. 회사를 그만두고 잠시 시간의 여유가 있어 이 짬을 이용해 부모님 모시고 해외 관광을 다녀왔으면 하는데, 캄보디아의 앙코르와트가 어떠시냐고 묻기에 좋다고 했다.

인천공항에서 저녁 9시경에 출발하여 다섯 시간 만에 캄보디아 시엠레아프(Siem Reap)국제공항에 도착했다. 다음 날 일정이 캄보디아의 유명한 석조 사원 앙코르 와트 사원과 캄보디아의 생활상을 돌아보는 농원을 먼저 가기로 했다. 그래서 우리 일행 세 가족 일곱 명은 한 팀이 되어 가이드를 따라 관광버스에 올라 사원 근처 주차장에서 캄보디아의 유명한 '툭툭'이를 타고 사원 경내로 들어갔다. '툭툭'이는 오토바이에 사람이 탈 수 있는 수레를 연결하여 택시 대용으로 운행하는 승용차이다. 시내 거리에도 '툭툭'이가 택시 대신 영업을 한다. '툭툭'이를 탈 때는 출발 전에 오토바이에서 내뿜은 가스와 먼지 때문에 마스크를 착용해야 한다.

앙코르 와트 사원은 12세기 초기에 건립된 앙코르 왕조의 전성기를 이룬 수리아 바르만 2세가 만든 사원으로 천 년의 역사를 품고 있는 석조 사원이다. 65m 4층 규모의 높이로 지상에 재현된 신들의 세상 앙코르 왕국의 강력했던 왕권을 그대로 담고 있다. 피라미드 구조의 1층인 화랑에는 힌두 신화와 왕권과 관련된 이야기를 담고 있는 부조들이 늘어서 있는 작품은 크메르 건축의 정점을 보여주고 있다. 벽에 조각된 부조들은 얼마나 정교하게 잘 만들었는지 신의 도움 없이는 불가능할 것같이 보였다. 이렇게 큰 사원 건물은 4층 높이에 석조 계단이 가파른데 왕도 이 계단을 올라가 예배를 드린다고 했다. 지금은 건물 뒤편에 손잡이가 달린 나무 계단을 만들고 경사도 완만해서 관광객들이 편히 올라갈 수 있도록 해 놓았다. 이 신전을 오를 때는 반바지와 민소매의 복장으로는 입장할 수가 없다. 신에 대한 예의를 지키려는 단속이다. 12세기 전반에 이 사원을 건축했는데 이 거대한 석조 건물을 순전히 인간의 노동력으로만 지었다는 사실이 놀라지 않을 수 없었다.

오후에는 캄보디아의 전통 가옥과 생활상을 볼 수 있는 농장을 들렀다. 이곳은 전통 농원으로 주위를 버펄로 투어로 시작한다. 버펄로 투어는 커다란 검은뿔이 달린 버펄로에 수레를 달고 마부가 끄는 농장 일대를 돌아보는 관광이다. 우리 일행은 한 마차에 두 사람씩 타고 아들은 혼자서 타고 갔다. 전부 네 마리의 버펄로는 마부가 이끄는 대로 농장 주위를 돌았다. 우리 부부와 다른 가족이 탄 버펄로는 잘 달리는데 내 바로 뒤 아들이 탄 작은 버펄로는 힘들어 보이며 잘 달리지를 못했다. 혼자 타고 가는데도 제대로 가지 못하니 마부는 고삐를 당기고 빨리 가도록 채찍질을 하나 버펄로는 눈만 크게 껌벅거리며 고통스러워하는 것이 역력히 보였다.

네 대의 버펄로가 이끄는 수레가 농장을 반 정도 돌아왔을 때 휴게소가 있는 반환점에서 잠시 쉬고 있을 때였다. 뒤따라오던 아들이 탄 버펄로가 뿌지직하고 배설을 했다. 그 후 버펄로의 표정을 살펴보니 달릴 때와는 다르게 편안한 표정이었다. 배가 얼마나 아팠으면 그렇게 힘들어했을까, 참느라 얼마나 고통이 많았을까, 그리고 손님을 태우고 달릴 때는 손님 앞에서 실례할 수 없어 달릴 때는 참고 견딘 것 같아 참으로 영리한 버펄로라는 생각이 들었다. 이런 경우를 당하면 정말로 참기 어렵다. 나 역시 고속버스로 장거리 여행할 때 갑자기 배가 아파 참기 어려운 지경에 이르러 휴게소에 언제 도착할 것인가 하고 당황스러운 경험을 해 보았기에 그 고통을 잘 알고 있다. 버펄로를 이끈 마부는 씩 웃으며 버펄로의 커다란 뿔을 쓰다듬어 주고 있었다.

휴식을 끝내고 시발점으로 다시 돌아올 때 그 작은 버펄로는 힘이 넘쳐나고 밝은 모습으로 씩씩하게 달렸다. 연못가에 도착하니 마부들이 풀을 한 묶음 뜯어 우리들에게 냄새를 맡아 보라고 건네주었다. 풀에서는 향긋한 향내가 짙게 나서 기분이 좋았다. 이것도 관광객들에게 하는 서비스인 것 같았다. 한 시간가량 농장을 돈 마부에게 수고했다고 1인당 1달러를 건네주었다. 또한 우리들을 태우고 농장을 돌아온 버펄로에게 고마웠다. 농장 관광비는 여행사에서 1인당 20달러씩 지불했다고 한다. 우리나라보다 발전이 덜 된 나라의 관광이지만 천 년 전의 석조 사원을 보고 놀랐으며, 농장을 구석까지 돌아보고 그 나라의 생활상과 문화를 엿볼 수 있었다.

부모를 위해 아들이 주선하여 그동안 일본, 태국, 중국을 관광했으며, 이번에 네 번째로 캄보디아를 관광할 수 있도록 한 아들의 효심에 더욱 고마움을 느끼며, 회사를 그만두고 부지런히 준비 중인 사업이 성공하여 사회에 공헌할 수 있도록 원활하게 잘되어 행복하고 복된 생활을 부모는 기원하고 있다.

막내아들의 효도 관광

“아버지, 어머니! 오랜만에 외국 여행 한번 다녀오시지요. 제가 부모님 모시고 가겠습니다”라고 말하는 아들에게 “무슨 일이 있느냐?” 하고 물었다. 그동안 다니던 회사를 그만두고 “제가 해 보고 싶은 사업을 해 보려고 합니다”라고 대답했다. 17년 동안 다니던 회사에서 결근 한 번 하지 않고 아무런 사고 없이 잘 다녔는데 갑자기 그만두겠다고 하니 부모로서 놀랄 수밖에 없었다.

17년 전 ROTC 장교로 전역과 동시에 장교 출신 공채에 응시한 결과 합격해 입사한 지가 엊그제 같은데, 그동안 회사에서 성실히 근무해 안심하고 있었는데 회사 규정상 장기근속자 구조조정이 있다고 하는 아들의 말에 놀라지 않을 수 없었다. ‘세월은 유수와 같다는 말’이 이럴 때 쓰는 말이 아닌가 하고 생각했다. 그동안 성실하고 당당하게 근무하고 퇴직하겠다는 아들의 씩씩한 대답이 오히려 대견스럽기도 했다.

“부모님을 모시고 외국 관광을 하겠다고 마음먹은 것을 오늘에야 실현하게 됐습니다.” 새로운 사업을 시작하기 전에 시간 여유 있을 때 “캄보디아 왕국의 ‘앙코르 와트’(Angkor Wat) 사원을 가 보시는 것이 어떻겠습니까?” 하고 묻는 말에 “고맙다! 좋다”라고 대답했다. 우리 부부와 막내아들은 오랜만에 들뜬 마음으로 가방을 챙기고 초등학교 때 소풍 가는 아이들처럼 행복한 마음으로 여행길에 올랐다. 맑은 초가을 날씨는 참으로 아름다웠다. '앙코르 와트'는 캄보디아왕국의 '시엠레아프(Siem Reap)'시에 위치한 12세기 전반기에 건축된 유명한 석조사원으로 유네스코 세계문화유산으로 등재된 고대사원이다. 웅장하고 거대한 사원을 인간의 힘으로 어떻게 쌓아 올렸을까 상상도 되지 않았다. 사원의 높이는 65m로 4층 규모의 높이다. 4층 꼭대기 층에 신이 모셔져 있어 모든 관광객이 이곳에 들러 예를 갖추고 모든 자기의 소망을 기원하면 꼭 이루어진다는 전설이 내려오고 있어 관광객들은 자기의 소망을 이루어 달라고 이곳에서 빌고 내려간다.

4층 높이의 신전을 올라가려면 70도 각도의 돌계단을 올라가야 한다. 이 나라 왕도 직접 딛고 올라갔다고 한다. 그러나 지금은 관광객들을 위하여 사원 뒤쪽으로 나무계단을 별도로 만들어 손잡이를 잡고 올라가는데도 경사가 심하여 아래를 내려다보니 아찔하기만 했다. 관광을 하려면 올라가지 않을 수 없어 난간을 붙잡고 간신히 꼭대기 층까지 올라와 신이 어떻게 모셔져 있는지 확인했다. 옆에 향불을 피워 놓고 누워 있는 신에게 자기의 소원을 빌며 신에게 바치는 헌금을 옆에 마련해 놓은 통에 넣고 나오는 관광객들이 많았다.

신전을 보고 건축물의 주위를 살펴보았다. 사원의 길고 긴 벽에 조각된 조각품들이 얼마나 정교하게 조각돼 있는지 놀랄 수밖에 없었다. 신을 잘 믿어 극락세계로 들어가는 조각과, 죄를 지어 지옥으로 떨어지는 조각들이 정말 정교하게 잘 조각됐다. 오늘날 사람들도 이렇게 정밀히 할 수 있을지 상상하기에 엄두를 못 낼 정도였다. 당시 기계나 장비는 없을 터이고 순전히 인간의 손과 힘의 노동력으로만 쌓아 올린 건축물로 공사를 하다 숨진 사람이 수없이 많았을 것으로 생각된다. 이들의 숨은 공로가 있었기에 이 거대한 사원의 건축물이 됐고 오늘날 캄보디아의 큰 보물이 된 것이다.

'앙코르 와트' 사원을 샅샅이 둘러보고 다음 날은 '와트 마이' 사원에 왔다. 이곳은 캄보디아의 크메르제국이라는 과거의 화려하고 찬란했던 역사와는 달리 현대의 크나큰 아픔과 상처를 남긴 전쟁의 흔적이 남아 있다. 지난 30~40년 전에 우리나라에서도 〈킬링필드〉란 영화를 통하여 보았던 기억이 난다. 전쟁 속에 살아남기 위해 처절할 정도로 탈출하는 기자의 장면도 보았다. '와트 마이' 사원은 이념과 전쟁으로 학살된 수많은 영혼을 위로하기 위해 세워진 작은 사원이다. 이 사원의 가운데에 세워진 유골탑을 보니 내가 직접 겪어 보지는 못했어도 학살의 참상이 그대로 전해진 듯했다. 10세 정도의 아이들에게 사람을 창으로 찔러 죽이는 훈련을 시켜서 아무 죄 없는 민간인들을 닥치는 대로 죽이도록 철저한 교육을 시켰다고 한다. 전쟁과 이념, 폴 포트라는 장군의 무차별 학살과 미군에 의해 자행된 1차 '킬링필드' 등 많은 역사적 사실들을 뒤로하고, 그냥 숙연하게 수많은 영혼들에 대해 진심으로 위로하고 싶다. 다시는 이런 이념 전쟁과 학살이 없기를 바라는 마음이다.

이 사원에서 보여주는 유골탑을 보고 나니 너무나도 비참하고 잔인한 마음이 들었다. 국가적으로 치욕적인 이 이념 전쟁의 수많은 희생자의 유골과 뼈를 유골탑에 넣어 관광객들에게 보여 주고 있어, 유골과 뼈를 땅에 묻고 명복을 빌어주는 위령탑이라도 세워 죽은 이들의 넋을 위로해야 하지 않을까 생각되는데, 이 나라는 반대로 희생자들의 유골과 뼈를 안이 잘 들여다보이는 진열장에 넣어 놓고 관광객들에게 전시하는 관광 상품이 됐다. 진열장 안에는 헌금 된 달러화도 보였다. 인륜적으로 해서는 안 될 처사이다. 영혼의 유골과 뼈들을 모두 DNA 검사를 하여 DNA가 맞는 것은 유족에게 넘기고, 유족이 없는 유골들을 화장해 위령의 묘를 만들고, 위령탑을 세워 억울하게 숨진 사람들의 넋을 위로했으면 하는 나의 마음이다. 위대한 역사의 유물과 '앙코르 와트' 건축물을 보고 크메르인의 건축과 조각예술이 뛰어남을 오래오래 머릿속에 기억될 것 같다.

이러한 고대 건축물을 관광하도록 기회를 만든 막내아들이 옆에서 상세히 설명하면서 신경을 써주는 이 효도 관광이 참으로 고마웠다. 자식의 도리를 다하기 위하여 여러 가지로 애쓴 아들의 깊은 뜻에 더 없는 행복감과 영광스러운 마음을 갖게 한 여행이었다. 새로이 시작하는 제2직장이 되는 사업의 개업을 앞두고 희망찬 내일을 위하여 무궁무진한 발전과 번창하기를 빌면서 부모로서 올바른 표양(表楊)을 보여주고 자식의 사업이 꼭 성공하기를 바라는 바이다.

반세기를 넘겨 이룬 소원

고향 집에서 10리쯤 떨어진 곳에는 천년 고찰 고불총림 백양사가 있다. 입구에 들어서면 먼저 눈에 띈 누각이 보인다. 이 누각이 쌍계루(雙溪樓)이다. 백암산 골짜기에서 내려오는 맑은 물이 연못을 이루는 곳에 세워진 쌍계루는 그 앞에 병풍처럼 펼쳐져 있는 기암절벽이 연못에 투영되어 장관(壯觀)을 이룬다. 이 누각은 고려 충정왕 2년인 1350년에 최초로 지어졌는데, 그 후 공민왕 19년인 1370년에 폭우로 부서지고 우왕 3년인 1381년에 복원돼 목은(穆隱) 이색(李穡)이 그 이름을 쌍계루라 하여 지금까지 내려오고 있다. 여기에는 선인들의 시가 편액(扁額)이 많이 걸려 있다. 이곳을 찾아온 선인들이 백양사 대웅전 뒤에 우뚝 솟은 백암산의 흰 바위를 쌍계루 누각 위에서 바라보며 한 편의 시로 표현한 것들이다.

여기에는 고려 시대 포은(圃隱) 정몽주(鄭夢周), 목은(穆隱) 이색(李穡), 사가정(四佳亭) 서거정(徐居正)을 비롯하여 조선 시대 삼봉(三峯) 정도전(鄭道傳), 필자의 15대조이신 하서(河西) 김인후(金麟厚), 소재(蘇齋) 노수신(盧守愼), 면양(俛仰) 송순(宋純), 영의정을 지낸 아계(鵝溪) 이산해(李山海)의 시가 편액 되어 있다. 한학자이신 선친 운강(雲岡) 김상철(金相喆)의 시 「경차(敬次)」도 편액 되어 걸려 있었으나 불행히도 6 · 25 한국전쟁 때 쌍계루가 전소되는 바람에 없어지고 말았다.

그 후 전라남도에서는 소실된 쌍계루를 복원하기 위하여 1980년에 도지사의 배려로 소실된 역대 명인들의 시를 수집하여 영인(影印)해 올렸다. 그러나 원본을 찾지 못하여 누락된 편액 중에는 선친의 시를 비롯하여 다른 분들의 편액도 있었다. 그 당시 복원을 못 하여 선친에게 자식 된 도리를 못 한 불효막심으로 고심을 많이 했었다. 더구나 그 무렵에는 우리가 고향을 떠나 타지에서 잠깐 살았기 때문에 연락이 두절되어 복원 소식을 알지 못했다.

몇 년 전 구순이 넘은 둘째 형님댁의 문갑 속에 깊숙이 보관돼 있던 아버지의 시를 찾게 되어 뛸 듯이 기뻤다. 이 원본을 가지고 형님들이 백양사 주지 스님을 방문하여 복원 요청을 수차례 했으나, 다음에 보자고 미루는 동안 주지 스님이 세 번 바뀌어 복원은 더욱 어려워졌다. 이러는 동안 10년이란 세월이 흘러가고 말았다. 언제 복원될 수 있을까 기회를 보던 중 2016년 4월에 나의 수필집 『아버지의 연상(硯箱)』을 발간하게 되어 이 책과 함께 애타는 나의 심정과 간곡한 호소문을 곁들여 백양사 방장이신 지선 대종사 스님께 발송해드렸더니 만나자는 연락이 왔다.

방장 스님은 백양사 총무이신 화진 스님에게 이 사항을 모두 위임하시어 총무 스님과 상의해 복원하도록 해 주셔서 크신 배려에 깊은 감사를 드리고, 바로 서울 인사동에 문화재를 복원하시는 분을 찾아가 아버지의 시 편액을 주문 제작했다. 마침내 2016년 7월 20일에 백양사 쌍계루 누각에 아버지 시를 선인들의 시 편액과 나란히 걸어놓아 쌍계루가 소실된 지 만 66년 만에 그토록 바랐던 소원을 이루게 됐다. 돌아오는 길에 부모님 산소에 복원된 편액 사본을 제단에 올려놓고 고(告)하고 나니 자식 된 도리를 조금이나마 하게 된 것 같아 기뻤다.

쌍계루에 편액을 걸어 놓고 대웅전에 올라가 대자대비하신 부처님께 큰절을 올리고 아버지의 시(詩) 편액을 66년 만에 제자리에 복원하게 되어 벅찬 기쁨과 소원을 이룬 감사한 마음을 부모님 영전에 다시 올리고자 한다. 쌍계루에 편액 된 아버지의 시(詩) 「경차(敬次)」를 옮겨 본다.

| 백양사 쌍계루 전경 |

| 쌍계루에 편액 된 아버지의 시(詩) 「경차(敬次)」를 보고 기념촬영 |

| 쌍계루에 편액 된 아버지의 시(詩) 「경차(敬次)」 |

敬次(삼가 운을 따서)

洞雲十里有高僧(동운십리유고승)
學道觀經兩自能(학도관경양자능)
구름 덮인 긴 골짜기에 고승이 살고 있는데
도를 닦고 경을 보는 것이 둘 다 능하다네.

樓閣重新鐘磬出(누각중신종경출)
溪山如舊畵圖增(계산여구화도증)
누각은 거듭 새로워지고 종과 경쇠도 새로 다는데
산천은 옛과 같은데 그림은 늘어났구나.

白蓮堯月天光遠(백련요월천광원)
紅樹秋風露氣登(홍수추풍로기등)
백련 같은 새벽달은 맑은 빛을 멀리 비추는데
붉은 단풍 가을바람은 이슬을 더욱 맑게 하는구나.

壁上殘編遺墨在(벽산잔편유묵재)
續吟此日慕先登(속금차일모선등)
벽에 붙은 낡은 책장에는 아직 먹빛이 남아 있고
시 읊으며 오늘도 먼저 왔던 사람들 생각하며 오른다.

河西 文正公 十四世孫 雲岡 金相喆

효자가 따로 없다

우리나라 인구의 평균 연령이 머지않아 100세를 바라본다고 한다. 60대에 정년퇴직하는 직장인들은 노후의 생활에 대한 두려움이 많을 것으로 본다. 국가에서는 이에 대비하여 1988년도부터 전 국민에게 국민연금제도를 도입하여 실시했다. 나는 30여 년 전 직장에 근무할 때 국민연금에 가입하여 정년퇴직할 때까지 급여에서 공제해 납부했다. 그때 생각은 박봉에서 매월 고정적으로 공제하는 연금에 대해 불평을 많이 했다. 정말로 노후에 받게 될지 그것도 모르지 않는가. 부모님들이 보험을 기피하는 현상도 일제강점기에 강제로 생명보험에 가입했다가 해방된 후에 일본으로부터 그 원금을 받지 못한 쓰라린 경험이 있었기 때문이 아닌가 싶다.

1965년에 정부는 대일 청구권 자금으로 6억 달러를 받았다. 그중 민간 신용기금으로 1억 달러가 보험 등 가입 금액이다. 이 금액에서 보험 등 가입한 금액을 보상한다고 했으나 당시에 가입했던 보험증권 및 영수증을 제시해야 보상이 되는데, 과연 전쟁통에 그 서류를 보관한 분이 몇 분이나 있어서 보상을 받았을까? 당시 대일청구권 자금으로 받은 6억 달러로 고속도로와 P 제철 공사자금으로 사용됐다고 한다. 급여에서 국민연금 일정액을 공제하고 나면 얼마 되지 않은 봉급으로 한 달 생활하기가 빠듯했었다. 그러나 지금은 그때 생활비를 줄이면서까지 국민연금을 납부하기를 잘했다는 것을 절실히 느낀다.

퇴직하고 국민연금을 수령할 수 있는 연령이 되어 매월 통장에 국민연금이 입금되면 직장 생활을 할 때 월급 받는 기분이 든다. 그 당시 가입하지 않았더라면 지금은 자식들에게 아쉬운 소리를 하는 편치 않은 생활을 하고 있을 것이다. 일전에 국민연금보험공단에서 보내준 안내장을 받아 보았더니 직장에 근무할 당시에 가입한 보험의 총 납부금이 580여만 원인데 그동안 수령한 연금액은 6200여만 원으로 원금보다 무려 11배에 해당하는 금액이었다. 이 얼마나 놀라운 일인가…….

매월 월급처럼 꼬박꼬박 들어오는 국민연금이 있어 내 어깨에는 힘이 들어간다. 손주들에게 학용품을 사 쓰라고 용돈을 주면 얼마나 기뻐하는지 "할아버지 최고이다"라고 엄지손가락을 치켜 보인다. 또한 아내에게는 생일 때 조그만 선물이라도 하면 더없이 고마워한다. 그 당시 어렵다고 연금에 가입하지 않았다면, 지금 나의 노후 생활이 어떠했을지 상상조차 하기 싫다. 노후를 대비하는 국민연금의 사회보장제도가 있었기에 현재의 안정된 노후 생활을 할 수 있게 된 것이다. 평균수명 100세 시대를 앞두고 건강하고 활기찬 생활을 할 수 있게 된 것도 국민연금 덕분이다. 효자가 따로 없는 국민연금이 바로 효자이다.

자녀의 행동은 부모의 거울이다

옛 어른들은 자식 자랑은 팔불출 중의 하나라고 자랑하기를 꺼렸다. 그러나 오늘날은 자기 PR(Public Relations) 시대라고 일부러 자랑을 하는 사람이 많이 있다. 자식은 부모님의 사랑 속에 잘 기르고, 가르쳐서 튼튼하고 건강한 사회인으로 길러내는 것이 부모의 도리요 의무이다. 우리 가정은 삼 남매를 두었다. 위로 딸 둘과 막내로 아들을 길렀다. 태어나서 어렸을 때부터 총명하고 영특하게 잘 자랐다. 부모가 맞벌이했기에 옆에서 항상 돌보지 못한 것이 안타까웠고 안쓰러울 때가 많았다. 그러나 아이들 나름대로 자라면서 언니, 누나의 말을 잘 듣고 따라줘 아무런 탈 없이 자라며 많은 재롱과 귀여움을 받으면서 부모의 사랑을 받으면서 성장했다.

아이들이 유치원 다닐 때의 일이다. 큰아이가 유치원을 수료하고 초등학교 취학 전 둘째가 유치원에 다닐 때 소풍을 가게 됐다. 어머니와 함께 나오라고 안내장을 들고 왔다. 맞벌이하는 우리 부부는 걱정이 앞섰다. 결근을 하고 따라갈 수 없는 형편으로 어떻게 해야 할까 걱정하고 있는데 큰아이가 “엄마 제가 보호자로 갈게요” 하는 것이 아닌가! 우리 부부는 한바탕 웃었다. 그러나 어쩔 수 없는 형편으로 유치원 선생님께 부탁드리는 수밖에 없었다. 유치원 졸업한 언니와 함께 동생을 보내니 선생님께서 힘드시겠지만 잘 좀 부탁드린다고 할 수밖에 없었다. 그날 창경궁에 소풍을 갔는데 언니가 보호자로서 동생의 손을 꼭 잡고 아무 탈 없이 잘 다녀왔다. 얼마나 고맙고 기특했는지 눈물이 핑 돌았다. 지금으로서는 상상이 가지 않는다. 물론 유치원 선생님의 도움이 없었다면 보내지 못했을 것이다. 당시 선생님께 감사했다는 말씀을 다시 한번 드린다. 이렇게 두 자매가 어렸을 적에 동생의 보호자 역할을 하며 서로 의지하면서 잘 자라왔다.

막내 사내아이는 사내로서 외톨이가 되어 혼자 놀기가 외로웠다. 그래서 집 앞 가게에 나가 물건값을 모두 알아 가지고 집에 오면 모르는 것이 없었다. 사내아이라서 용기가 있고 씩씩하게 자라왔다. 중학교 3학년 때의 일이다. 한창 사춘기라 조금은 거칠어지고 부모에게 반항도 해 보고 저의 뜻대로 해 보려고 고집도 피워 보였다. 하루는 갑자기 정색하며 "아버지! 용돈을 아껴 저금한 저금통장을 드릴 터이니 이 돈으로 오토바이를 사 주세요" 하는 것이었다. 꼭 오토바이를 타고 싶다는 것이다. 그 당시 어린 학생들이 오토바이를 타고 시내를 질주하는 폭주족들이 한창일 때였다. 정열이 넘치는 사춘기 시절 무엇인들 못 할 것인가? 나는 막내 아이를 불러서 앉히고 꼭 오토바이를 타야만 하겠느냐고 물었다. "공부해야 할 학생이 먼 거리의 학교도 아닌데 무슨 오토바이가 필요해?" 하고 차분히 물었다. 그러나 저는 어떻게 해서든지 꼭 사야겠다는 것이다. 저의 친구 모두가 오토바이를 구입하기로 약속했다고 한다. 이것을 어떻게 설득해야 할지 막막했다. 어느 날 조용히 막내를 다시 불러 "아버지와 함께 남대문 시장에 가서 우선 오토바이를 타려면 가죽장갑이 필요하니 먼저 이것부터 구입해 보고 오토바이를 생각해 보자"고 했다.

그런 후 며칠이 지난 후 지금 너에게는 오토바이가 멋있고 좋아 보이지만, 한편 너무 위험해 자칫 생명과도 연관되는 것이니 다시 한번 잘 생각해 보고 다른 오락기구로 바꾸어 보자고 타일렀다. 그러자 아무런 대답이 없었다. 그 후 며칠 뒤 막내를 데리고 낙원동 악기상가를 찾았다. 여기서 여러 악기를 구경하고 너의 마음에 드는 악기를 골라 보라고 했다, 여기저기 돌아보고 결심한 듯 어느 매장으로 들어가 전자기타를 골랐다. 이것으로 기타 연습을 해 보겠다고 했다. 그래서 나는 잘 골랐다고 격려를 하고 앰프까지 골라 한 세트를 사 가지고 와서. 이것으로 네 마음껏 연습하여 연주해 보라고 했다. 오토바이 대신 전자기타에 취미를 붙이고, 시간 나는 대로 기타를 치며 노래를 부르며 젊음을 발산했다. 오토바이의 꿈을 전자기타로 대체해 사춘기 시절을 무사히 잘 넘겼다. 전자기타를 소중히 아끼고 재산목록 제1호라며 지금도 가끔 흥이 날 땐 신나게 흔들며 연주해 보는 폼이 여느 가수 못지않게 잘 이용하고 있다.

둘째 아이는 고등학교 때 방송반에서 활동을 했다. 매년 학교에서 하는 방송 축제 때는 여느 방송국 못지않게 다양한 프로로 방송극과 뉴스 등 재미있는 프로를 진행하며 많은 학생과 학부모님들 앞에서 우레와 같은 박수갈채를 받기도 했다. 대학입시 발표 날, 영하 15도의 추운 날씨에 학교 안에서 발표했다. 둘째와 함께 합격자 명단을 가슴 조이며 살펴보던 중 명단에 이름이 있지 않은가! 우리 부녀는 얼마나 기뻤던지 함께 얼싸안고 뛰었던 기억이 되살아난다. 이렇게 삼 남매 모두 대학을 졸업하고, 각자 직장을 선택하여 저희들 맡은 임무에 충실히 해내는 어엿한 사회의 중견 일꾼으로 보람 있는 생활을 하는 것이 부모로서 어찌 기쁘지 않을까! 이것이 자식 자랑이 아니고 무엇이겠는가?

큰딸은 결혼하여 슬하에 남매를 두고 유치원에서 자라나는 어린이들의 기초영어를 가르치고 있으며, 초등학교에 재학 중인 두 남매는 3년 전부터 여름방학을 이용하여 2회에 걸쳐 학교에 재학 중인 난치병 어린이돕기 바자회를 부모님과 함께 열어 여기서 나온 수익금 전액을 사회기관을 통하여 기증해 고양시장의 모범어린이 표창을 받기도 했으며, 고양지역 신문에 착한 어린이로 크게 보도되기도 했다. 둘째 딸은 저의 뜻대로 방송국에서 구성작가 생활을 하다가 현재는 대학입시 학생들의 영어를 가르치는 학습 교사로서 열성을 다하여 좋은 성적으로 입학할 수 있도록 자부심을 가지고 최선의 노력을 하면서 생활하고 있다. 막내아들은 사회에 진출하여 식품업계의 대기업에서 우리나라 식품계의 장래를 짊어질 중견 사원으로서 역할을 담당하며 열심히 살아가고 있다.

이제 부모가 나이를 먹게 되고 보니 자녀들에게 바라는 것은 아직 미혼인 두 남매의 배필을 빨리 찾아 가정을 이루는 일이 부모의 소망으로서 하루속히 이루어질 수 있기를 바라는 마음이다. 자녀의 자랑은 오늘날 고위 관직과 많은 부를 가진 자식만이 자랑이 아니다. 평범하면서도 모범적이고, 부모를 공경하고 이웃에게 예의를 잘 갖추고 봉사와 희생정신이 투철한 사고를 가진 자식들이 자랑스럽다.

막내아들의 숨은 선행을 뒤늦게 알게 됐다. 우리 집 아래층에 새로 이사 온 가족이 이사 온 지 얼마 되지 않아 어린아이가 밤에 갑자기 아파서 급히 병원에 데려가려고 밖에서 택시를 잡으려 애태우며 발을 동동 구르고 있을 때, 한 청년이 이 광경을 보고 차에서 내려 무조건 태우며 어느 병원으로 갈 건지 물어 급히 병원으로 달려가서 입원을 시켜주어서 위급을 면했다고 뒤늦게 그 아이 엄마가 이야기하여 알게 됐다. 그 당시 태워다 준 청년이 바로 집 주인댁 아드님이었다는 것을 이제야 알게 됐다며 참으로 감사했다고 말하여 알게 됐다. 이웃을 돕고 어려움을 함께 나눌 수 있는 자식을 둔 것이 자랑이 아닐 수 없다. 이렇게 나는 삼 남매를 키우면서 가장 먼저 올바른 예절과 남보다 먼저 솔선수범하며 어려운 이웃을 보면 희생과 봉사의 정신으로 도울 수 있는 마음가짐을 갖도록 가정교육을 시켜왔다. 그러므로 자식 하나하나의 행동은 부모가 가르치고 교육시킨 대로 나타나기 때문에 자식의 행동은 부모가 매일 아침 보는 거울과 같기 때문이다.

| 아버지 雲岡의 존영 |

| 어머니 존영 |

| 아들 김재윤 임관식 |

| 삼남매와 속리산 정이품송 앞에서 |

그리운 어머니께

사랑하는 어머니!

문안을 올린 지 얼마 만인지요. 무심한 막냇자식 정말로 죄송합니다. 항상 인자하시고 온화하신 어머니의 얼굴을 뵌 지가 어언 44년이란 세월이 흘렀습니다. 항상 어머니를 뵐 때면 나이도 상관없이 응석만 부리고 한없이 어머니의 품을 그리던 제가 아니었습니까? 저는 어머니만 옆에 계시면 어떠한 일이 있어도 마음이 든든하고, 솜처럼 포근하고 부드러운 가슴이 되어 모든 일을 실수 없이 잘 해낼 수 있었습니다. 어머니가 제 곁을 떠나시고 안 계시니 언제나 쓸쓸하고 허전한 마음 어디에 하소연할 곳도 없었습니다.

어머니 연세 48세의 노산에 태어난 저를 키우시느라 모유가 풍부하지 않아 여기저기 젖 얻어 먹이기에 산후조리도 제대로 못 하시고 얼마나 애를 태우셨습니까? 먹일 젖이 모자라 집에서 가축으로 기르는 염소의 젖을 짜서 먹이기도 하고, 죽을 끓여 '밈'을 만들어 먹이느라 고생이 많으셨다고 들었습니다. 어머니께서는 저에게 "너의 유모는 염소이니 먹이를 많이 주어라"고 하셨다는 말씀을 어렸을 적에 많이 들었던 기억이 납니다. 이 막내를 어렵게 키우셔서 당당한 사회인으로 만들기까지 어머니의 크신 은공 그 무엇으로 갚을 수 있겠습니까?

사랑하는 어머니!

6 · 25 한국전쟁 당시 적 치하 3개월 동안에 고향의 살림을 모두 몰수당하고 가진 것 하나 없이 생명 부지(生命扶支)한 것을 다행으로 알고 객지인 정읍으로 떠나와 저희를 키우시고 어머니의 훌륭하신 가르침에 이곳에서 초등학교와 중 · 고등학교를 다닐 수 있었습니다. 학교를 졸업하고 공군에 입대하여 군 복무를 마치고 직장에 취직해 어느 정도 자리가 잡혀 결혼하고, 안정된 가정을 꾸렸는데 무엇이 급하셨는지 저희 신접살림 1년여 만에 어머니는 이 세상을 버리시고 훌쩍 떠나시니 의지할 곳 없는 저희들 가슴 찢어지는 듯 괴롭고 슬펐습니다. 막내로 태어나 부모님의 귀여움을 많이 받고 자랐으나, 일찍이 부모님과 이별하는 고통이 있었습니다. 자랄 때 가진 어리광으로 어머니를 귀찮게 하여도 아무렇지도 않게 받아 주시고, 다섯 살 때까지 어머니의 빈 젖을 먹었던 기억이 납니다. 어머니는 이런 저를 나무라시지 않고 더 이상은 안 되겠다 싶어서였는지 비상수단으로 젖꼭지에 쓴 '금계랍(키니네)'을 물에 타서 몰래 발라 놓았는데, 그것을 모르고 젖을 빨던 저는 얼마나 쓰던지 놀라 혼쭐이 나고서 그 뒤 다시는 젖을 빨지 않았던 어렸을 적 추억이 지금도 생생합니다. 그때 저는 무척 어머니가 원망스러웠습니다. 그렇게 귀여워해 주시던 어머니가 '이 자식을 버리려고 쓴 약을 바르시고 저를 떼어 놓으시려는가' 하는 생각이 들었습니다. 그러나 지금 생각해 보면 제가 극기심을 가질 수 있도록 버릇을 잘 잡아 주셨습니다.

어머니 품에서만 자랐던 제가 어머니께 자식 된 도리를 해드렸던 한 가지가 생각납니다. 6 · 25 전쟁통에 변변하게 먹지도 못하고 지내던 어려웠던 시절 어린 조카 녀석이 제 어머니의 모유를 못 먹어 칭얼대며 배고파 울어대는 손자를 보다 못해 당신의 빈 젖을 물리니, 이 녀석 젖이 나오지 않는다고 새로 나온 이빨로 할머니의 유두를 물었지요. 그 뒤로 그 자리에 상처가 나고 유종이 생겨 고생하셨던 어머니는 그 당시 병원 치료 한 번 받지 못하고 진물이 계속 흘러 고생하시던 때 제가 항생제 연고를 구하여 조석으로 하루 두 번씩 매일같이 정성을 다하여 소녹과 치료를 1년여 동안 했던 바, 진물이 그치고 상처에 딱지가 생기어 꼬들꼬들한 상태가 되어 점점 나아졌습니다. 얼마나 고생이 많으셨는지 모릅니다. 치료 후 어머니에게는 상처의 흔적이 남아 진물이 흐르던 그 유두가 녹아 없어졌습니다. 그래도 아픈 기색 한 번 내지 않으셨습니다. 어머니 그 손자 녀석도 작년 8월에 정년으로 다니던 여학교 교장직에서 퇴직했습니다.

작년 동짓달 초엿샛날 아버지 기일에 장손인 조카 집에 아버지와 어머니 뵙고자 광주에 내려갔습니다. 그날이 아버지 떠나신 지 53주년 기일이었고, 어머니 떠나신 지 43주년 되는 해로 아버지 어머니 한 상에 나란히 모셔놓고 영정을 뵈니 두 분이 한결 더 정답고 인자하신 모습 참으로 좋았습니다. 우리나라 제례법칙으로 부모님 기일에 따로따로 모셨던 것을 몇 년 전부터 아버지 기일에 어머니도 함께 모셔와 정답게 제사상을 받으시도록 의논 끝에 이렇게 한자리에 모셨습니다. 혹시나 동방예의지국 삼강오륜에 어긋나는 행동을 했다고 질책하실지 모를 일이지만, 현대의 복잡하고 바쁜 시대적인 현실이므로 용서해 주시기 바랍니다.

어머니께서는 막내인 저를 항상 안쓰럽고 불쌍히 여기시어 마음 졸이셨으나 이젠 편안히 쉬십시오. 저는 어머니 손주 삼 남매를 두었습니다. 어머니가 생존하셨다면 무척 귀여워해 주셨을 것입니다. 아내는

"인자하신 시어머님 모시고 행복하게 잘살아 보는 것이 소원이었는데 막내며느리의 따뜻한 보살핌 한 번 받아보지 못하시고 저의 곁을 떠나시게 되어 너무 슬프고 안타깝다"고 했습니다. 아이들도 할아버지, 할머니는 어떤 분이셨느냐고 물을 때가 많았습니다. 모두가 귀엽고 행동이 바른 씩씩한 어머니의 손주들입니다. 어머니께서 하늘나라에서 저희를 항상 보살피시고 걱정해 주신 덕입니다. 이 못난 막내는 어머니 살아생전에 호강 한 번 못 시켜드리고 편안히 모시지 못한 것이 항상 송구스럽고 죄송스럽습니다. 우주 만물이 모두 통하는 천국에서 아버지, 어머니 두 분 편안히 계시어 저희의 모습을 지켜봐 주십시오.

그리운 어머니! 진정으로 사랑합니다.

언제나 잊지 못하는 어머니의 사랑이 오늘따라 더욱더 그리워지며, 보고 싶습니다. 한결같은 마음과 넓으신 아량으로 감싸 주시던 우리 어머니! 근심 걱정 이제 다 놓으시고, 하늘나라에서 평안히 계시옵소서. 이 막내아들 빌고 또 빕니다.

아버지의 편지

炎熱勞人 尤切懷仰

伏惟霖雨淸 靜體度盒護萬旺 諸節均慶 尤郎內外 率幼安得否

垃切不任. 頌祝

小第 劣依 而因暑熱 無日不林泉之向 苦苦自悶處也

日前 洪水 往年辛丑後 初有 而都庄損舍不少. 中永爲成川者

千餘坪 天地 胎禍 歎之奈何. 問四街附近 與高敵的消息 則不大洪水云 貴庄能免 此患否

長兒放學後 歸家 尙在家.

而願基候進以去 幾日後 使尤郎 命過如何. 兒也二學期

應欲束裝 而頓此經濟上 進退而難.

爲其父者 心不難安 自歡己耳.

餘萬 心騷干草 姑縮不備 謹

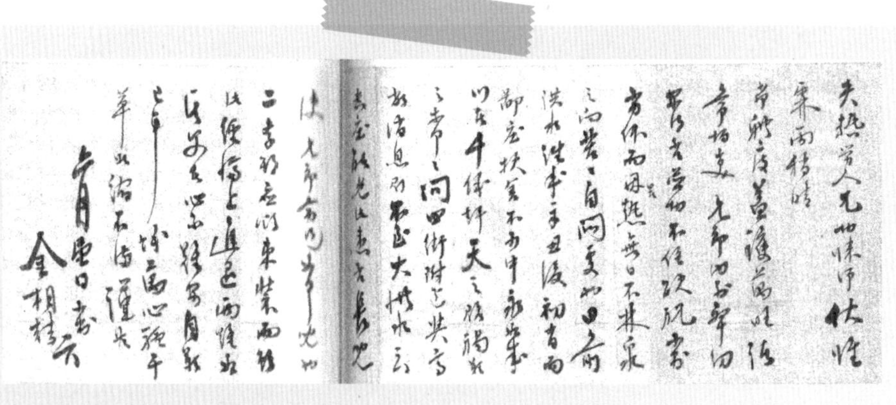

| 아버지의 편지 |

〈번역문〉

극심한 더위가 사람을 피로하게 하지만 우러르는 마음은 더욱 절실합니다.

삼가 생각하오니 장맛비가 점차 걷혀가는 요즘 심신을 조용히 하며 양생하고 계시는 체도(體度) 더욱 여러 가지 왕성하시옵고 집안의 모든 식구들도 골고루 편안하신지요. 윤랑(允郞) 내외도 어린아이 데리고 편히 잘 있는지요. 아울러 간절한 마음이나 뜻대로 송축 드리지 못합니다.

소제(小弟)는 전과 같이 지내고 있습니다. 그렇지만 더운 열기로 인해서 어느 하루도 숲이 우거지고 새소리 나는 곳을 찾아가며 괴로워하지 않을 때가 없습니다.

전번에 홍수는 신축년 이후로 처음 있었던 일입니다. 저희 집은 손실이 적지 않습니다. 그중에서도 영원히 냇가가 되어버린 전답이 천여 평쯤 됩니다만, 하느님이 끼친 화(禍)를 한탄한들 어찌하겠습니까. 사거리 부근에 사는 사람에게 고창(高敞)의 소식을 물어본즉 그리 큰 홍수는 나지 않았다고 하던데 귀댁도 능히 그 걱정을 면하게 되셨는지요.

저희 큰아이는 방학을 한 후에 아직까지 집에 있습니다. 그리하여 그쪽에 문후를 드리러 가기로 했으니 며칠 후에 윤랑으로 하여금 이쪽에 다녀가라고 하는 것이 어떻겠습니까.

우리 아이는 2학기 때 아마 짐을 꾸려 가지고 내려와야 할 것 같습니다. 그것은 여러 형편상 진퇴양난의 처지이기 때문입니다. 그 부모된 나의 마음 역시 편하지 않습니다.

나머지 여러 가지 말씀은 마음이 시끄러워서 서찰을 잠시 줄이고 갖추지 못한 채 삼가 문후드립니다.

6월 15일 소제(小弟) 김상철 배

金炳憲 父親의 親筆 書翰

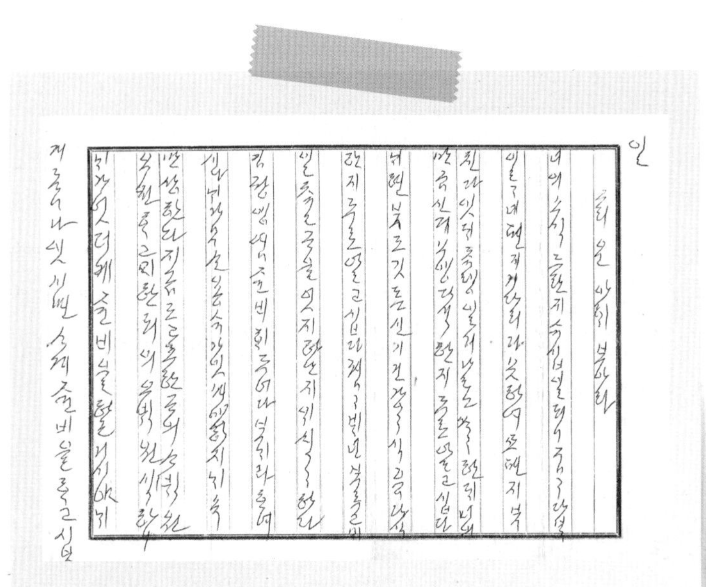

| 어머니의 편지("그리운 아희 보아라" 己酉年 陰 九月 二三日(1969년 9월 23일) |

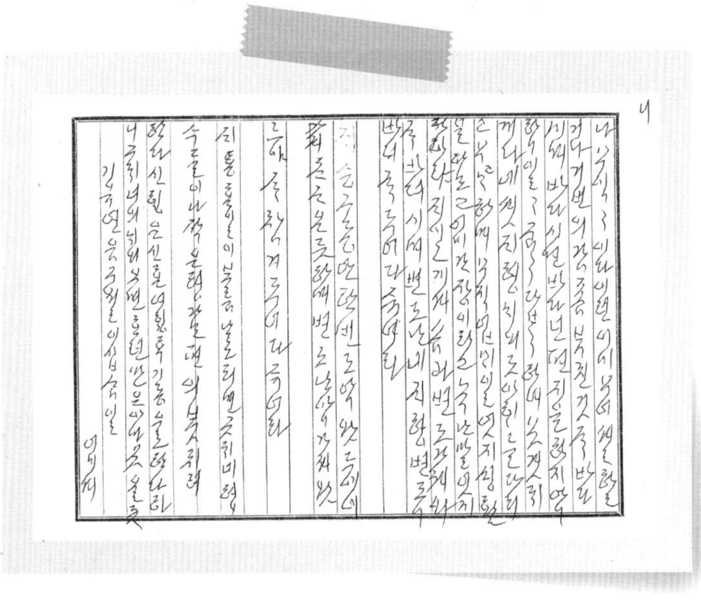

| 어머니의 편지("그리운 아희 보아라" 己酉年 陰 九月 二三日(1969년 9월 23일) |

| 선친 雲岡의 존영 |

| 고향에서 어머니와 다정한 모습 |

| 우리 집 대문 |

| 가족사진 |

| 출판기념회에서 인사말 |

| 공군 시절 한 컷 |

맞절

매해 설날 아침이 되면 마음이 설레고 좋은 일이 있을 것만 같다. 나이를 한 살 더 먹는 것에 대한 책임감이 따르지만, 자녀들과 손주 녀석들을 모두 만날 것을 생각하니 기분이 좋아진다. 음력 정월 초하루는 새해 첫발을 내딛는 일 년 중 최대의 명절로 조상들에게 먼저 차례를 드린다. 그런 다음 웃어른께 세배를 올리고 자식들에게는 세배를 받는다. 나와 아내는 올 설에 새로운 마음으로 자녀들을 모두 불러 모은 자리에서 '존경과 사랑하는 마음으로' 맞절을 했다. 그리고 자녀들의 세배를 순서대로 받았다. 처음 시도하는 우리 부부의 모습을 보고 손주 녀석들이 한쪽에서 빙긋이 미소를 지으며 눈이 휘둥그레 바라보고 있다. "할아버지 할머니 두 분께서 맞절을 하시니 보기가 참 좋네요" 하고 외손주가 예쁘게 말했다. "고맙다. 올해부터 할아버지와 할머니는 서로 존경하고 사랑하는 마음으로 항상 즐겁게 생활할 것을 약속하고 실천하기로 했다"고 답했다. 항상 건강하고 모든 일에 열심히 하라고 덕담을 해 주고 "이렇게 솔선수범을 하여야 너희들도 본받고 서로 사랑하며 행복한 생활을 할 것으로 믿겠다"고 했다. 이렇게 우리 부부가 처음으로 맞절을 하고 나니 우선 마음이 뿌듯하고 서로 신뢰감이 들어 안정된 기분이 됐다.

오늘의 맞절은 부부간의 화합과 가정의 행복을 위하여 20여 년 전 고등학교 동창으로부터 실천해 보라고 권유를 받았는데 이제야 실천하게 된 것이다. 그 친구 부부는 오래전부터 실천해 오고 있다고 하며,

처음에는 쑥스럽겠지만 막상 해 보면 무엇인가 느끼는 점이 있을 것이라고 말했다. 그러나 불행히도 10여 년 전 고인이 되어 만날 수 없으니 안타까울 뿐이다. 친구 말대로 실천하고 보니 아내가 신뢰감이 들어 제일 좋아했다. 자식들에게도 부부끼리 서로 존경하는 모습을 보여 주며 화목한 가정을 이루도록 하라고 당부했다. 행복한 가정은 서로 존경하고 사랑하는 마음이 있어야 이루어진다고 생각한다. 부부간의 사랑, 부모 자식간의 사랑, 형제자매간의 사랑, 스승과 제자간의 사랑 이 모두가 가정의 화합과 평화가 이루어져야 가능하다고 생각한다.

고속 성장시대에 살아가는 우리들은 가족 간에도 평소에 자주 만나기가 쉽지 않다. 명절 때나 특별한 행사 외에는 만나서 덕담을 나누고 우애를 다지는 시간을 가질 수 없다. 우리나라는 조선 시대 그 이전부터 음력을 중심으로 농사짓고 생일과 제사를 지냈다. 그러던 것이 개화의 문명으로 차츰 발전했다. 일제 치하에서는 민족의 뿌리를 말살하기 위하여 음력을 무시하고 양력을 앞세워 우리 고유의 설도 지내지 못 하게 하고, 대신 일본 떡인 모찌(찹쌀떡)를 한 개씩 각 가정에 설 선물이라고 주었던 어릴 적 기억이 난다. 해방이 된 이후 우리 고유의 설을 되찾아 음력설을 지내는 동안 6 · 25 한국전쟁 이후 4 · 19 혁명을 거쳐 군사정부가 들어서 양력설을 쇠도록 했던 일이 있었다.

민주화운동 이후 우리 고유의 설을 되찾아 새해 1월 1일 하루만 공휴일로 정하고 대신 음력설에는 3일간을 공휴일로 정해 고향의 부모님께 세배를 드리기 위해 다녀오도록 했다. 우리 가족도 올해부터 부부가 서로 존경과 사랑의 마음으로 정중히 맞절하고 자식들에게 모범을 보이니 뜻깊은 설이 됐다. 나에게 부부간의 존경과 사랑의 행복한 가정으로 만들어 준 먼저 간 친구가 더욱 그리워진다.

자식 된 도리

내 고향의 우리 집에서 백양사까지는 걸어서 4㎞로 가까운 곳에 있다. 그러나 1970년대 국가의 농업정책으로 '장성댐'이 건설되어 우리 집 전체가 물속에 수몰되고 말았다. 조상 대대로부터 내려온 고향 집을 물속에 수몰되어 고향 사람들은 전국 곳곳으로 흩어지게 됐다. 우리 집은 수몰되기 전 사랑채 대청에서 아버지께서 시(詩)를 읊으시고 가야금을 타시는 문화생활을 즐기시었다. 1927년도에는 아버지께서 고향인 북상면 2대면장에 취임하시어 군의 여러 인사들과 교류가 많으셨는데 그중에는 백양사 송만암 주지 스님과도 가까이 지내셨다. 송만암 주지 스님도 시를 좋아하시어 아버지와 교류하시면서 우리 집에도 들리시어 시를 서로 교류하시고 가야금도 타 보시는 풍류를 즐기시어 친하게 지내시었다.

선친께서는 백양사 뒤 백암산의 흰 바위의 절경을 대웅전 뒤에서 보시고 읊으신 「경차(敬次)」는 쌍계루(雙溪樓) 누각에 많은 선인들의 시와 함께 편액(扁額) 되어 있어 많은 관광객이 관람했는데 6 · 25 한국전쟁 때 큰 화재로 쌍계루가 모두 소실되고 말았다. 선친의 작품을 비롯하여 문화재나 다름없는 선인들의 작품을 잃고 나니 슬프고 마음이 굉장히 쓰라리고 아팠다. 고향인 장성을 비롯한 전남의 문화재를 잃은 것이나 다름없다고 생각했다. 그러나 우리 서민들로서는 어떻게 할 방도가 없었다. 그러던 중 전남도지사의 배려로 1983년도에 소실된 쌍계루를 다시 복원하기 위하여 작업을 했다. 문화재나 다름없는 선인들 작품의 영인본을 수집하여 복원하기 위해 연고지에 수소문했다.

그 당시 선친의 작품은 우리 집이 잠시 고향을 떠나 타지에 살고 있었기 때문에 연락이 두절돼 누락되고 말았다. 자식 된 도리로 선친의 시(詩)「경차(敬次)」를 복원하기 위하여 여러 방면으로 노력해 보았다. 당시 시골에 계시던 형님들이 백양사 주지 스님을 찾아가서 상의해 보았으나 주지 스님 말씀이 되도록 노력해 보겠다고 말씀했으나, 언제 될지 미적미적 미루고 있는 동안 인사발령으로 세명의 주지 스님이 바뀌어 모두가 허사가 되고 말았다. 다른 방법이 없어 형님들께서는 포기하는 수밖에 없었다. 2016년에 수필집『아버지의 연상(硯箱)』을 출판하게 되어 수필집과 호소문을 써서 조계종 18교구 백양사 방장 스님이신 지선 대종사님께 보냈다. 뜻밖에도 방장 스님으로부터 만나자는 연락이 와서 바로 백양사로 내려가 방장 스님의 대리인이신 총무 담당 화진 스님을 만났더니 선친의 유적시(詩)를 복원하여 편액 시키자고 말씀하셔서 주문하고 빨리 제작이 되어 2016년 7월 중순경에 선친의 시「경차(敬次)」를 선인들의 시와 나란히 편액 시켜 놓았다. 얼마나 감격스럽고 가슴이 벅차든지 무엇이라 표현할 길이 없었다.

총무 스님이신 화진 스님의 많은 수고와 도움으로 화재 이후 무려 반세기가 훨씬 넘은 만 66년 만에 그렇게 바랐던 복원이 되어 기쁘기 한이 없었다. 가문의 영광이자 우리 고향 장성의 자랑이 되고, 쌍계루에 많은 관광객이 더욱 많이 탐방 참관하게 됐다. 쌍계루에 편액시키고 나니 조금은 자식 된 도리를 한 것 같아 마음이 놓이고 꿈만 같았다. 서울로 올라오는 길에 부모님 산소에 들러 선친의 시 편액 된 사본을 묘소 앞 제대 위에 올려놓고 복원됐음을 고했다. 쌍계루에 걸려 있는 시들은 고려 시대부터 유명한 선인들이 백양사를 탐방하시고 백양사 뒤 백학봉 흰 바위 절경을 보시고 지은 시로 포은(圃隱) 정몽주(鄭夢周), 목은(牧隱) 이색(李穡), 사가정(四佳亭) 서거정(徐居正), 조선 시대의 개국공신 삼봉(三峰) 정도전(鄭道傳), 필자의 15대조이신 하서(河西) 김인후(金麟厚), 소재(蘇齋) 노수신(盧守愼), 면양(俛仰) 송순(宋純), 영의정을 지낸 아계(鵝溪) 이산해(李山海) 같은 많은 분의 시가 선친의 시와 나란히 편액 되어 있다. 백양사의 가을 풍경은 아기단풍으로 유명하지만 쌍계루 누각 위에 편액 된 선인들의 시구(詩句)들도 문화재로도 가치가 있다고 생각한다. 선친의 유작시(遺作詩)를 걸어 놓는데 이렇게 많은 시간이 걸려 선친에게 죄송스러운 마음 한이 없었다. 자식 된 도리로 복원을 성사시켰으니 하늘에 계신 선친께서도 우리 집 막내가 큰 일을 했구나 하시고 좋아하실 것으로 믿어 마음이 조금은 놓인다. 그러나 부모님에 대한 은혜는 이 생명 다할 때까지 갚아도 다 갚지 못하는 것이라고 생각하는 것이 자식의 도리이다.

쌍계루에 편액 된 선친의 유작시(遺作詩)를 옮겨 적어본다.

敬次(삼가 운을 따서)

洞雲十里有高僧(동운십리유고승)
구름 덮인 긴 골짜기에 고승이 살고 있는데
學道觀經兩自能(학도관경양자능)
도를 닦고 경을 보는 것이 둘 다 능하다네.

樓閣重新*鍾磬出(루각중신종경출)
누각은 거듭 새로워지고 종과 경쇠도 새로 다는데
溪山如舊畵圖增(계산여구화도증)
산천은 예와 같은데 그림은 늘어났구나.

白蓮曉月天光*遠(백련효월천광원)
백련 같은 새벽달은 맑은 빛을 멀리 비추는데
紅樹秋風露氣澄(홍수추풍로기징)
붉은 단풍 가을바람은 이슬을 더욱 맑게 하는구나.
壁上殘編遺墨在(벽상잔편유묵재)
벽에 붙은 낡은 책장에는 아직 먹빛이 남아 있고
續吟此日慕先登(속음차일모선등)
시 읊으며 오늘도 먼저 왔던 사람들 생각하며 오른다.

河西 文正公 十四世孫 雲岡 金相喆 지음

*重新 : 거듭 새롭게 함.
*天光 : 맑게 갠 하늘빛.

나의 첫 보금자리

1962년 8월 말 공군에서 전역하고, 회사에 취업한 지 1년 정도 되어 우연한 기회에 내 집을 구입하게 됐다. 회사 생활로 객지에서 하숙 생활을 하다 보니 신입사원 월급에 비해 하숙비가 너무 많이 들었다. 회사에 충실히 업무를 익혀 가며 근무하는데, 가장 먼저 해결할 것이 하숙 대신 자취를 하려는 것이었다. 취사도구를 구입하여 자취방을 구하고 하숙집에서 일 년 만에 나왔다. 이 지역은 새로이 개발되는 지역으로 자취집 부근에 '국민주택'을 건설 중이었다. 집 부근 부동산 업자가 미분양된 가구가 싸게 나온 것이 있으니 계약하라고 나를 부추겼다. 머리를 싸매고 맞추어 보니 잘하면 될 수도 있을 것 같았다. 하숙비 대신 자취하여 모인 금액으로 계약금은 될 것 같아 계약하고 말았다. 중도금은 시골에 갖고 있던 작은집을 매도하고, 잔금은 회사에 재직하고 있으므로 농협에서 대출을 받으면 해결할 수 있을 것 같아 '국민주택'을 매입하게 되어 내 명의의 집을 갖게 되어 기분이 좋았다.

당시의 국민주택이란 건축 자재인 블록이 처음 나왔을 때 건축하여 분양 가격이 낮았다. 적벽돌은 가격 차이가 커 국민주택을 짓는 데는 엄두도 못 내는 처지였다. 국민주택은 한여름과 한겨울이 문제였다. 방 안의 벽에는 단열과 방한용 내장재가 전혀 사용되지 않아서, 겨울에 방 안에 물을 떠 놓고 자고 아침에 일어나 보면 물이 꽁꽁 얼어붙어 있었다. 그러나 남의 집에서 세(貰) 사는 것보다 내 집에서 사는 것이 훨씬 더 나았다. 등기 이전받은 이 집에서 계속 자취하면서 5년을 살다가 결혼하여 신혼살림을 이 집에서 차렸다. 직장 관계로 아내와 떨어져 살게 됐다. 아내는 전남 담양의 초등학교에서 근무하고 있었기에 떨어져 지낼 수밖에 없었다. 그 무렵 지방에서 서울로 전근하기란 하늘에서 별 따기보다 더 어려운 시절이었다. 시 교육청에 호소도 하고 방법을 구해 보았으나 소용이 없었다. 그러던 중 개인 사정으로 지방으로 내려가야 하는 교사가 있어 자리를 서로 교환하는 방법이 있었다. 결혼한 지 3개월 만에 그해 7월 말 2학기 정기 인사에 반영되어 서울로 전근 발령이 나서 2학기부터 서울에서 근무하게 됐다.

그런데 처음으로 장만한 내 집에 문제가 생겼다. 마당이 등기 평수보다 적어 보여 지적도를 떼어 본 결과 건축업자가 큰 실수를 했다. 바로 뒷집의 통로를 우리 집 마당에 담을 쌓고 길을 만들어 사용하고 있는 것을 알게 됐다. 건축업자를 찾아가 항의하고 우리 집 땅의 원상 복구를 강력히 요구했다. 첫 보금자리를 어렵게 마련한 것이 대지에 하자가 생겨 마음고생이 많았으나 몇 년의 세월이 흐르는 동안 아내의 학교 이동 기간이 되어 강북구로 전근 발령이 났다. 강동구의 집에서 강북구의 학교까지 거리가 너무 멀어 출퇴근하기가 아주 힘들었다. 어쩔 수 없이 이 집을 팔고 전근된 학교 부근인 강북구 수유동으로 이사하여 이곳에서 산 지 40여 년이 됐다. 나는 결혼 전에 보금자리를 마련하여 지금까지 살아오면서 비록 블록으로 지은 국민주택이지만 내 집이란 자부심에 만족했다. 수유동으로 이사 온 후 두 번 이사했다. 현재 사는 집은 단독주택을 헐고 3층 건물로 신축을 했다. 이 지역은 강북구의 북한산 자락 아래에 있어 당시 건축 허가 조건이 무조건 지하를 만들어야 한다는 조항이 있었다.

현재까지 사는 동안 세 번 이사하고 한 번 주택 건축을 해 보았다. 이곳으로 이사 오기 전 첫 보금자리에서 사랑스러운 예쁜 자매를 낳아 기르고 둘째 딸이 돌이 가까워서 수유동으로 이사하여 이곳에서 막내인 의젓한 아들을 낳아 길렀다. 나는 비록 작은 주택이지만 결혼 전에 집을 준비하여 신혼 생활을 했고, 남의 집 셋방 생활을 한 번도 해 보지 않았다. 지금 이 집을 신축할 때 국민주택의 경험을 살려 방 안에 방열 방한 재료를 철저히 넣도록 하여 신경을 써서 건축했다. 옥상에는 신재생에너지 태양광발전시설을 설치하여 전기를 사용하고 있어, 값싼 전기를 사용하므로 공과금이 절약되고, 남은 전력은 한전을 통하여 송전하고 있어 국가에도 이득을 주고 있다. 나의 첫 집을 장만할 때 겨울에 추위와 떨면서 살았던 국민주택 시절의 어려움을 모두 잊고 지금은 오히려 아름다운 추억으로 남아 있다. 현재 사는 이 집은 아파트는 아니지만, 단독주택으로서 장점을 이용하여 화초도 가꾸고 유실수도 심어서 가을이면 대추, 감(대봉), 은행 등을 따 먹을 수 있어서 오늘도 감사한 마음으로 집을 깨끗이 잘 관리하고 살고 있다. 내가 직접 지은 집이기에 더욱 애착이 간다. 앞으로 나의 계획은 이 집을 새로 신축하여 나의 자식들이 모두가 들어와 오순도순 한 층씩 맡아서 살도록 하는 것이 나의 꿈이다.

화장실의 파리를 잡아라

우리나라의 공중화장실은 깨끗하기로 세계적으로 유명하다. 먼저 고속도로상의 공중화장실과 지하철 공중화장실을 가보도록 한다. 사용인원의 질서 정연한 모습을 볼 수가 있다. 말할 수 없이 깨끗하게 보인다. 우선 천장 한가운데는 태양이 들어올 수 있도록 투명 천장을 해 놓았다. 또한 화장실 분위기를 밝게 하기 위하여 나무를 심어놓고 옆에는 화사한 꽃이 핀 화분을 가져다 놓아 화장실 내 분위기를 살려놓았다. 변기는 물론 소변기, 손 씻는 수도와 드라이어 등 얼마나 깨끗하고 정결스럽게 관리하고 있는가. 또한 지하철역을 가보아도 마찬가지이다. 화장실 변기와 소변기 등 이루 말할 수 없이 깨끗이 관리하고 있다. 화장실 미화원은 대부분 여성미화원이다. 종전에는 남성미화원이 관리하고 있었으나, 지금은 여성미화원으로 전부 바뀌었다. 변기도 동양인과 서양인이 사용할 수 있도록 좌변기와 양변기를 모두 설치해 놓았다.

남성화장실의 소변기 앞에는 대부분 이러한 글들이 붙어있다. "앞으로 바짝," "한 발자국만 더 앞으로," "남성이 흘리지 말아야 할 것은 눈물만이 아니다" 등 구호들이 붙어있다. 남성들이 소변기 앞에서 소변을 흘리지 말아야 하는데 바닥에 흘리기 때문에 이러한 경고성 구호가 붙어있는 것이다. 바닥에 소변을 흘리게 되면 위생상 안 좋을 뿐만 아니라 주위가 지저분하고 미화원이 다시 청소를 하여야 하기 때문에 번

거로움이 있어 한 여성미화원이 아이디어를 냈다. 소변기 가운데에 파리를 그려 넣으면 소변을 흘리지 않을 것이란 아이디어를 상사에게 이야기하여 소변기 주문 시에 파리를 그려 넣도록 하였다. 소변기 중앙에 파리 한 마리를 그려 넣고 남성들이 용변을 볼 때에 파리를 조준하여 본다면 절대 밖으로 소변이 흘러나오는 일이 없고, 파리 그려진 곳으로 집중을 하기 때문에 남성들 역시 파리를 잡겠다는 신념으로 집중적으로 용변을 보기에 바닥이 더럽혀지도록 절대 흘릴 일이 없다. 파리를 그려 넣은 새로운 소변기를 남성 화장실에 설치하여 시험한 결과 흘리는 율이 낮아졌다는 실지 시험한 결과를 체험하였다. 사람의 심리가 목표가 있으면 그것의 중심을 맞추어야 직성이 풀리게 된다.

한국인들은 이러한 목적의식이 있기 때문에 그곳에 집중을 하기 위하여 머리를 쓴다. 즉 목표물밖에는 흘리지 않게 된다. 우리나라 화장실은 세계 어느 나라에 비하여 빠지지 않고 깨끗하고 위생적이며, 화려하다는 말을 외국인들이 많이 한다. 실지 천안 논산 고속도로 정안 휴게소에서 화장실을 다녀온 어느 미국인이 "원더풀"하고 웃으면서 소리를 지르는 것을 목격하였다. 사실 그렇다. 그만큼 위생적이고, 깨끗하였음을 보여주고 어느 정원 못지않게 화려하게 꾸며 놓았기에 깨끗한 화장실임을 증명한 것이다.

모 수원시장을 지내신분이 퇴직 후 세계화장실환경연대 회장을 하면서 자기 집을 신축 하면서 양변기 모양의 집을 지어서 화제가 되기도 하였다. 이분은 추후 국회의원도 지내신 분이다.

한 여성 미화원의 아이디어가 뛰어나 도기회사도 파리를 넣은 소변기가 판매가 더 잘되고 있다는 소식도 있다. 역시 우리 한국인은 삶의 질이 높은 정서적인 문화인이다. 이러한 아이디어로 미화원 아주머니도 청소에 힘이 덜 들고 화장실 바닥이 깨끗이 할 수 있다는 것이 얼마나 유익한 아이디어인지 모른다. 사소한 일에도 조금만 머리를 쓰면 훌륭한 아이디어가 되어 우리 생활에 큰 도움이 된다. 우리는 언제든지 아이디어를 내서 우리 생활에 유익한 일이 되도록 항상 노력하였으면 좋겠다. 그 나라의 문화 척도를 알려면 자긍심 있는 국민인가를 알려주는 깨끗한 공중화장실이 되도록 나 자신부터 먼저 최선을 다해 노력하고자 한다.

吉承 김병헌(金炳憲) 연보

1. 인적 사항

- 1940년 전남 장성 출생
- 아호 吉承
- 필명 빛난별
- 원적 전남 장성군 북상면 동현리 74번지

2. 학력

- 1947년~1953년 북상초(2년), 장성월평초(2년), 정읍동초(2년) 졸업
- 1953년~1955년 정읍호남중학교 졸업
- 1955년~1958년 이리공업고등학교 화학과 졸업
- 1956년~2001년 한국방송통신대학교 교육학과 졸업
- 2007년 국립서울과학관 제1기 전통과학대학교 교육과정 수료
- 2010년 한국전통문화학교 전통문화연수원 교육과정 수료

3.경력

- 1958년~1962년 공군 36개월 복무
- 1963년~1972년 대한사진필름주식회사
- 1972년~2002년 미원모방주식회사 30년 근무 정년퇴임
- 1979년 제1기 멸공교육 수료 (서울특별시경찰국장)
- 1989년 10년 근속사원 모범표창 수상(미원모방주식회사 사장)
- 2002년 길승상사 대표

4. 임명 추대 및 위촉 인증

- 2008년 재경장성군 향우회 제12대 임명직 부회장
- 2010년 재경장성군향우회 제24대 부회장

- 2012년 재경장성군향우회 제25대 고문
- 2014년 재경장성군향우회 제26대 원로자문위원
- 2016년 재경장성군향우회 제27대 원로자문위원
- 2017년 한백통일재단 서울특별시 중앙본부 강북구지부 시니어대표
- 2018년 2018서울균형발전공론화 시민참여단원(서울특별시장)
- 2018년 2018서울균형발전공론화 2차 숙의(권역별 토론회)시민참여단 (서울특별시장)
- 2019년 문화재행정 실현을 위한 문화재청 주요정책과제 국민평가단 (문화재청장)

5. 문단 경력

- 2010년 계간 『에세이21』 2010 가을호 「아름다운 약속」 완료 추천 등단
- 2010년 계간 『에세이21』 후원위원
- 2012년 (사)한국문인협회 회원
- 2012년 (사)한국문인협회 장성지부 회원
- 2014년~2016년 산영수필문학회 부회장 역임
- 2015년 계간 『글의세계사』 부회장 운영위원
- 2016년 『에세이21』 감사장 수상
- 2016년 한올문학가협회 감사 · 수석부회장
- 2018년 (사)한국문인협회 강북지부 감사

6. 수상 경력

- 2005년 10월 금빛향기 백일장 금상 수상(서울시립강북노인종합복지관) 수상작 「향수에 젖은 실향민의 눈물」
- 2006년 9월 제11회 제25회 스승의날 기념(미담 · 가화 부문) 사은편지공모 가작 (충청남도,충남새마을부녀회) 수상작 「너그럽고 인자하셨던 호랑이 선생님」
- 2013년 10월 제2회 월간 〈한올문학상〉 수필 부문 본상 수상 수상작 「사라진 우리 집」「빛을 나르는 성냥개비」

- 2016년 7월 제13회 〈시세계문학상〉 수필 부문 본상 수상
  수상작 「화폐수집」
- 2016년 9월 제5회 〈한올문학상〉 수필 부문 대상 수상
  수상작 「낙성대는 대학이 아니다」「기타로 바뀐 오토바이」
- 2017년 11월 (사)세계문인협회 〈세계문학상〉 수필 부문 본상 수상
  수상작 「아버지의 연상(硯箱)」
- 2019년 7월 제16회 월간 〈문학세계문학상〉 수필 부문 본상 수상
  수상작 「사라진 골목풍경」
- 2019년 9월 제1회 (사)한국문인협회 청양지부 〈청양문학상〉 수상
  수상작 「골목길 정원」「버려진 양심」
- 2019년 12월 제16회 (사)세계문인협회 〈세계문학상〉 수필 부문 대상 수상
  수상작 「백양사의 쌍계루」

7. 저서

- 2016년 4월 수필집 『아버지의 연상(硯箱)』(선우미디어발행)

8. 공저

- 2006년 10월 『오늘이 있기까지 11집』(충청남도새마을 부녀회)
- 2012년 6월 『목요일 아침』(산영수필문학회)
- 2014년 3월 월간 한올문학사화집(한올문학사)
- 2014년 9월 『존재의 향기』(산영수필문학회)
- 2015년 12월 2015 명작선 『한국을 빛낸 문인』(명작선선정위원회)
- 2017년 9월 『깊은 소리 세월의 향기』(산영수필문학회)
- 2017년 6월 『하늘비 산방』 2017 제8호(문학세계문인회 동인지)
- 2017년 10월 『광주 · 전남문학대표작선집』 수필((사)한국지역문학인협회)
- 2018년 6월 『하늘비 산방』 2018 제9호 (문학세계문인회 동인지)
- 2018년 7월 나의 문학관(43회) 김병헌 수필가 편(월간 『문학세계』 7월호)
- 2018년 12월 2018 명작선 『한국을 빛낸 문인』(명작선선정위원회)

- 2019년 7월 『하늘비 산방』 2019 제10호(문학세계문인회 동인지)
- 2019년 12월 2019 명작선 『한국을 빛낸 문인』(명작선선정위원회)
- 2020년 3월 〈문화일보〉 「그립습니다」 게재

9. 작품 · 기사 발표

1) 『에세이21』

- 2009년 겨울호 제22호 「우리 집 감나무」
- 2010년 여름호 제24호 「화초를 가꾸며」 초회추천
- 2010년 가을호 제25호 「아름다운 약속」 완료 추천 등단
- 2011년 가을호 제29호 「인연」
- 2012년 가을호 제33호 「솔향기」
- 2013년 가을호 제37호 「잿빛 하늘의 아침」
- 2014년 가을호 제41호 「명과 암(明과 暗)」
- 2015년 가을호 제45호 「시(詩)가 쓰인 현수막을」
- 2016년 가을호 제49호 「캥거루의 사랑」
- 2017년 가을호 제54호 「문불여장성(文不如長城)」
- 2018년 가을호 제57호 「맞절」

2) 『글의세계사』

- 2012년 겨울호 제20호 「사랑의 대 바자회」 창간 5주년 특집
- 2013년 봄호 제21호 「나무를 사랑하는 사람」
- 2013년 여름호 제22호 「아버지의 사랑」 가정의 날, 스승의 날 특집
- 2013년 가을호 제23호 「보고 싶은 어머니」
- 2013년 겨울호 제24호 「마법의 콩」
- 2014년 봄호 제25호 「이웃 간의 분쟁」
- 2014년 여름호 제26호 「치유의 숲 축령산」
- 2014년 가을호 제27호 「사라진 골목풍경」 〈문학세계문학상〉 본상 수상
- 2014년 겨울호 제28호 「나의 신앙 체험기」

- 2015년 봄호 제29호 「술과 나와의 인연」
- 2015년 여름호 제30호 「민속놀이의 엿치기」
- 2015년 가을호 제31호 「정 때문에」
- 2015년 겨울호 제32호 「백양사와 쌍계루」
- 2015년 봄호 제33호 「한여름 밤의 등 목욕」
- 2016년 여름호 제34호 「이사하던 날」
- 2016년 가을호 제35호 「옥상의 정원」
- 2016년 겨울호 제36호 「63년 만에 찾은 정든 교정」
- 2017년 봄호 제37호 「신앙의 힘」
- 2017년 여름호 제38호 「신해양의 팔불여(八不如)」
- 2017년 가을호 제39호 「캄보디아의 비극 킬링필드」
- 2017년 겨울호 제40호 「자식의 행동은 부모의 거울이다」
- 2018년 봄호 제41호 「나눔의 은행나무」
- 2018년 여름호 제42호 「아버지세대의 농사법」
- 2018년 가을호 제43호 「나의 첫 보금자리」
- 2018년 겨울호 제44호 「자식 된 도리」
- 2019년 봄호 제45호 「어둠에서 생명의 빛으로」
- 2019년 여름호 제46호 「개명(改名)」
- 2019년 가을호 제47호 「80여 년만의 장 검사」
- 2019년 겨울호 제48호 「잃어버린 지갑」
- 2020년 봄호 제49호 「그리운 내 고향 장성(長城)」

3) 『한올문학』

- 2013년 제95호 「사라진 우리 집」 「빛을 나르는 성냥개비」(제2회 한올문학상 본상 수상)
- 2013년 제97호 「신기료장수 할아버지」
- 2014년 제100호 「호기심에 처음 타 본 기차」
- 2014년 제103호 「봄나들이」
- 2014년 제105호 「토요 돌봄 교실의 아이들」

- 2014년 제107, 108호「돈 안내고 앉는 자리」
- 2016년 제130호「기타로 바뀐 오토바이」「낙성대는 대학이 아니다」
  제5회 〈한올문학상〉 대상 수상작

4)『**장성문학**』

- 2013년 제24호「아버지의 유품」
- 2014년 제25호「은행과 나눔의 기쁨」
- 2015년 제26호「낙성대는 대학이 아니다」
- 2016년 제27호「청빈한 선비의 백비」
- 2017년 제28호「반세기를 넘겨 이룬 소원」
- 2018년 제29호「그리움의 고향」황룡강의 고향쌀」
  「아름다운 장성호 수변 데크 길」「이사하던 날」
- 2019년 제30호「소년의 첫사랑」「내 이름」

5)『**장성예술**』

- 2013년 제4호「틈새」
- 2014년 제5호「대지 위를 뚫고나온 새싹의 힘」
- 2015년 제6호「장성」문학대관 출판
- 2017년 제8호「화초를 가꾸는 즐거움」

6)『**장성21세기**』**(장성군)**

- 2014년 제74호「내 고향 고찰 백양사와 치유의 숲 축령산 문학기행」

7)『**어제와 오늘, 그리고 내일**』**(장성군향우회)**

- 2010년「그리운 내 고향」향우회지 50주년 기념
- 2012년「제봉산의 함성」
- 2013년「내 고향이 좋아」

8) **금빛향기 예술제**

- 2005년「향수에 젖은 실향민의 눈물」(백일장 금상 수상작)
- 2005년 제9호「휴식은 건강을 위한 재충전의 시간이다」

9) **이공인(이리공업고등학교총동창회보)**

- 2007년 동창회보 제31호「기차통학 시절의 추억」
- 2011년 이공인 제24호「잃어버린 핸드백」

10) **『오늘이 있기까지11집』(충청남도, 충남새마을부녀회)**

- 2006년「너그럽고 인자하셨던 호랑이선생님」(제25회 스승의날기념 미담 · 가화 부문 가작 수상작)

11) **산영수필문학회**

- 2012년 제4집「장롱 속의 여인」「목요일의 아침」
- 2014년 제1집「순간의 삼십 초」「존재의 향기」(계간『에세이21』창간 10주년 기념 등단작가 문집)
- 2017년 제5집「반세기를 넘겨 이룬 소원」「깊은 소리 세월의 향기」

12) **전남 새뜸**

- 2011년 특별기고 제340호「누가 실향민의 눈물 닦아줄 것인가」(전남도 발행)

13) **초산벌(호남중학교 발행)**

- 2007년 제36호「초산의 정기를 받은 호남의 건아들!」

14) **〈한올문학신문〉**

- 2014년 3월 창간호「좋은 글을 읽으면 사고가 달라진다」
- 2014년 4월 제3호「기쁨을 맛보는 나눔」

• 2014년 6월 제4호 「봄나들이」
• 2014년 7월 제6호 「돈 안내고 앉는 자리」

15) 〈장성사람들〉(장성 주간신문)

• 2011년 제18호 「수몰된 고향 향수와 정취 글로 옮겨」
• 2012년 제40호 「제봉산의 함성」
• 2012년 「아름다운 약속」

16) 〈장성일보〉(장일방송)

• 2014년 5월 제6호 「백양사와 축령산 문학기행」
• 2014년 5월 오피니언 「나무를 사랑하는 사람」
• 2014년 5월 「단풍로 솔향기」
• 2014년 7월 제10호 「사라진 우리 집」
• 2014년 8월 제13호 「치유의 숲 축령산」
• 2016년 1월 오피니언 「아버지와 백양사의 쌍계루」

17) 월간 『문학세계』

• 2015년 제248호 「처음 받아본 위내시경 검사」
• 2016년 제264호 「애증(愛憎)의 약방문」
• 2017년 제267호 「막내아들의 효도관광」
• 2018년 제288호 나의 문학관(김병헌 편)
• 2018년 제290호 「나눔의 은행나무」
• 2018년 제292호 「추억의 총알택시」
• 2009년 제300호 「사라진 골목풍경」(월간 〈문학세계문학상〉 본상 수상)
• 2019년 제305호 「백양사의 쌍계루」((사)세계문인협회 〈세계문학상〉 대상 수상)

18) 계간 『시세계』

• 2016년 제66호 「화폐수집」(계간 〈시세계문학상〉 본상 수상)

19) (사)세계문인협회

• 2017년 제281호「아버지의 연상(硯箱)」
((사)세계문인협회 〈세계문학상〉 대상 수상)

20)『월간문학』(한국문인협회)

• 2015년 제554호「군복에 몸을 맞추어라」

21)『대한문학』

• 2013년 제50호「우리 집은 그린하우스(GreenHouse)」

22) 문학세계문인회

• 2015년 12월 2015 명작선『한국을 빛낸 문인』「아버지의 사랑」
• 2017년 제8호『하늘비 산방』「군복에 몸을 맞추어라」
• 2018년 제9호『하늘비 산방』「에너지 소비하는 무빙워크」
• 2019년 제10호『하늘비 산방』「자식 된 도리」
• 2019년 1월 2018 명작선『한국을 빛낸 문인』「건강을 잃으면 전부를 잃는 것이다」
• 2019년 12월 2019 명작선『한국을 빛낸 문인』「문불여장성(文不如長城)」

23)『마중문학』

• 2018년 제40호「무쇠솥」

24) 공군

• 2018년 제482호 A-minor「군복에 몸을 맞추어라」

25) 한국지역문학인협회

• 2017년 선집「최선을 다한 버펄로의 인내」(광주 · 전남문학대표 선집)

26)『현대문예』

• 2019년 제102호「나의 인생과 역경과 행복」

27) 〈서울문단〉(한국문인협회 서울지부)

• 2019년 제8호「님을 기다리는 마음」

28) 강북문협(한국문인협회 강북지부)

• 2020년 창간호「선배의 모교와 후배 사랑」

29) 이미저리(한국문인협회 청양지부)

• 2019년 제2호「골목길의 정원」「버려진 양심」(제1회 청양문학상 수상작)

30) 〈문화일보〉

• 2020년 3월 26일 제8069호「그립습니다 66년만에복원한아버지의 詩… 하늘에서도 기뻐하시겠죠」 기사 거재

10. 기타

1. e-mail : bhgold40@hanmail.net
2. 연락처 : 010-8274-0150

문학세계대표작가선 924

골목길의 정원

김병헌 제2수필집

인쇄 1판 1쇄 2020년 5월 15일
발행 1판 1쇄 2020년 5월 22일

지 은 이 : 김병헌
펴 낸 이 : 김천우
펴 낸 곳 : 도서출판 천우
등 록 : 1992. 2. 15. 제1-1307호
주 소 : 서울시 성동구 무학봉28길 6 금용빌딩 2F
전 화 : 02)2298-7661
팩 스 : 02)2298-7665
http://moonhak.wla.or.kr
E-mail : chunwo@hanmail.net

값 15,000원

ISBN 978-89-7954-811-2

이 도서의 국립중앙도서관 출판예정도서목록(CIP)은 서지정보유통지원시스템 홈페이지(http://seoji.nl.go.kr)와 국가자료공동목록시스템(http://www.nl.go.kr/kolisnet)에서 이용하실 수 있습니다. (CIP제어번호: CIP2020018778)